싸가지
없는 진보

싸가지 없는 진보

강준만

진 보 의
최 후 집 권
전 략

"머리를 망치로 맞은 듯 멍하다."

"대선에서 졌을 때보다 더 충격적이다."

"대대적인 환골탈태가 이뤄지지 않을 경우 2016년 총선, 2017년 대선 승리는 기약조차 할 수 없다."[1]

'11대 4'라는 참패를 당한 7·30 재보궐 선거 결과에 대한 새정치민주연합 의원과 당직자들의 반응이다. "나는 그럴 줄 알았다"고 말하면 전형적인 '사후 확신 편향hindsight bias'이라는 지적과 함께 욕을 먹을 수도 있겠지만, 선거 결과를 충격으로 여기는 게 내겐 충격이라는 말을 하지 않을 수 없다.

새정치민주연합은 선거 결과로 인해 여러 종류의 병에 걸려 있

---

1. 「[사설] 시대 변화 못 읽는 野, 이대로는 미래 없다」, 『조선일보』, 2014년 8월 1일; 배혜림, 「캄캄한 野…"권은희만 살고 모두 잃었다"」, 『동아일보』, 2014년 8월 1일.

다는 진단을 받았는데, 그 가운데 하나는 바로 '민심 난독증難讀症'이다. 입만 열면 민심을 강조하지만 정작 자신들은 도도한 민심의 흐름을 읽지 못하거나 아전인수 식으로 왜곡한다는 것이다.[2]

또 하나 얻은 병명은 '무뇌증無腦症'이다. 유권자의 의식 성향이 달라진 것은 물론이고, 정당의 권력비판 기능과 범위도 변화했는데도 새정치민주연합은 과거 관행만 답습하는 등 뇌 기능을 '관성'으로 대체했다는 것이다.[3]

나는 이 두 가지 병을 포괄하는 제3의 병명을 선사하고 싶다. 그건 바로 '싸가지 결핍증'이다. 싸가지가 없기 때문에 민심을 읽지 못하고 관성의 포로가 된다는 것이 나의 생각이다. 선거 결과에 대한 나의 총평은 이것이다. " '싸가지 없는 진보'는 진보의 무덤이다."

미리 건방을 떨어서 미안하지만, 이 책에 대한 독자들의 반응이 눈에 훤히 보인다. 공감하는 독자들은 말이 없거나 점잖게 말하는 법이고, 공감할 수 없는 독자들이 목청을 높일 것이다. 댓글 다는 수준의 정치참여나마 싸가지 없이 구는 맛(좋게 말하자면, 의분의 정당한 표출에 의한 정의감 만끽)에 정치에 대해 이러쿵저러쿵해왔는데, '싸가지 없는 진보'는 진보의 무덤이라니, 이 무슨 '귀신 씨나락 까먹는 소리' 또는 '개 풀 뜯어먹는 소리'냐고 반발할 독자가 적지 않으리라.

안다. 이해한다. 이렇게 큰소리칠 만한 이유가 있다. 이 책의 토

---

2. 「[사설] 제1야당 재건, 낡고 좁은 인식부터 버려야」, 『한국일보』, 2014년 8월 1일.
3. 황영식, 「야당은 변할 것인가」, 『한국일보』, 2014년 8월 1일.

대는 내가 『월간 인물과사상』 2014년 5월호에 쓴 「왜 '싸가지 없는 진보'는 진보에 해가 되는가?: 도덕 이론」이라는 글이다. 200자 원고로 40매 분량이 되는 글이었는데, 이 글에 대한 반응이 의외로 뜨거웠다. 무슨 강한 정치적 주장을 하기보다는 '도덕 이론'을 설명하기 위해 한국 정치상황을 좀 끌어들인 것뿐이었는데도, 많은 분이 깊은 관심을 보여주었다. 지지도 많았지만 비판도 많았다. 그 덕분에 그 글을 책 분량으로 늘려 쓴 이 책에 대한 반응을 미리 짐작할 수 있게 된 것이다.

나는 그 글에 대한 수많은 비판을 접하면서 그 어떤 정치 전문서적들에서도 배울 수 없는 귀한 깨달음을 새삼 음미할 수 있었다. 그건 바로 한국 정치판, 특히 진보 정치판이 매우 심각한 '구성의 오류'에 빠져 있다는 것이다. 이 중요한 깨달음을 어찌 그냥 내버려둘 수 있겠는가.

익히 잘 아시겠지만, '구성의 오류fallacy of composition'란 부분에 대해 말할 수 있는 것을 전체에 부당하게 적용하거나 개별적인 요소에 해당되는 것을 집합 전체에 부당하게 적용하는 것인데, 개인적으로는 타당한 행동을 모두 다 같이할 경우 전체적으로는 부정적인 결과가 초래될 때 쓰이는 말이다. 어떤 농민이 풍작을 올리면 기뻐할 일이지만, 모든 농민이 다 풍작을 하면 농산물 가격이 폭락해 모든 농민이 다 고통을 받는다거나, 어떤 소비자가 자린고비처럼 절약해 저축을 많이 하면 축하해줄 일이긴 하지만, 모든 소비자가 다 그렇게 하면 경기를 악화시켜 모두를 어렵게 만드는 것이 좋은 예다.

진보주의자들이 싸가지 없이 굴 때엔 그만한 이유가 있는 법이다. 반대편 세력의 어떤 행위에 대해 의분을 느껴 그걸 비판해야 할 때는 싸가지 문제를 생각할 겨를이 없다. 아니 싸가지 없게 구는 것이 더 옳을 수도 있다. 개별 행위나 사안을 놓고 보자면, '싸가지 없는 진보'는 진보에 해가 된다는 주장은 오히려 '진보 죽이기'를 위한 교묘한 음모로 여겨질 수도 있다. 이해한다.

그런데 문제는 정치와 선거의 속성이다. 정치와 선거는 20퍼센트가 결정하는 싸움이다. 한국 정치에선 보수-진보의 고정 지지층 격차가 있긴 하지만, 각자 30퍼센트씩 고정 지지층을 갖고 있다고 가정해보자. 이 고정 지지층은 그 어떤 일이 일어나도 눈 하나 꿈쩍하지 않는, 그야말로 요지부동搖之不動 세력이다. 선거는 나머지 40퍼센트를 놓고 벌이는 싸움인데, 여기서 20퍼센트는 빼야 한다. 이들은 아예 정치를 비토하는, 즉 투표를 하지 않는 또 다른 요지부동 세력이기 때문이다. 나머지 20퍼센트 유권자는 그 어느 쪽에 분노할 일이 있다 하더라도 '보수의 분노'나 '진보의 분노' 내용에 공감하기보다는 그들의 분노 표출 방식, 즉 태도에 관심을 갖는 사람들이다. 바로 여기서 싸가지가 문제가 된다.

싸가지에 대해선 제1장에서 본격적으로 다루겠지만, '싸가지 없는 진보'는 진보에 해가 된다는 주장은 선거에서 승패를 사실상 결정짓는 20퍼센트의 유권자들을 염두에 두고 하는 말이다. 따라서 이 주장에 대해 보수세력을 염두에 두고 "싸가지 있게 군다고 그들이 달라질 것 같냐"라는 따위의 반론은 번지수를 잘못 짚어도 한참 잘못 짚은 것이다.

싸가지는 어쩌다 마시는 '식혜'라기보다는 한 번 마시면 계속 마시게 되는 '커피'와 같다. 즉, 중독성이 있어 몸에 밴 습관이 되기 쉽다는 것이다. 특별한 사안에 대해 싸가지 없게 굴다가 다른 일반적인 경우엔 싸가지 있게 구는 전환이 사실상 불가능하다. 싸가지의 있고 없음은 태도의 형식에만 그치는 게 아니라 의식과 신념에까지 영향을 미친다. '용기'와 '파렴치'의 경계마저 무너뜨려 파렴치한 짓을 하면서도 용감하고 의로운 행동이라고 착각하게 만든다.

이 또한 본문에서 논하겠지만, 오늘날 야당이자 진보 정치세력인 새정치민주연합(이하 민주당)의 최대 약점은 바로 싸가지 문제다. 내가 새정치민주연합을 이 책에서 '민주당'으로 부르고자 하는 이유는 네 가지인데, 이 또한 싸가지와 관련된 것이다. 당명을 자주 바꿔 혼란을 주는 것 자체가 유권자들에게 싸가지 없게 비친다는 뜻이다.

첫째, 여전히 대다수 사람이 새정치민주연합을 민주당으로 부르고 있기 때문이다.[4] 둘째, 당을 포장마차처럼 간주해 자주 이합집산離合集散을 하면서 당명 바꾸는 것을 취미로 삼고 있는 이 정당의 행태로 보아 다시 민주당이라는 이름으로 돌아갈 가능성이 크기 때문이다. 셋째, 새정치민주연합은 너무 길어 '새민련'으로 줄여 부르는 것이 타당하겠지만, 이 정당 사람들이 '새민련'으로 부르면 난리가

4. 유성운 · 이지상, 「"현장선 민주당이라 부르는데 새정치련 고집할 건가"」, 『중앙일보』, 2014년 8월 5일.

날 정도로 펄펄 뛴다고 하는바,[5] 그걸 존중하기 때문이다. 넷째, 싸가지의 문제는 갑자기 생겨난 게 아니라 오랜 세월에 걸쳐 형성된 것이므로, 책임 규명 차원에서도 민주당이라는 이름이 적합하다고 보기 때문이다.

민주당과 그 지지자들을 진보로 간주하는 것에 대해 자칭 '진짜 진보주의자들'은 펄펄 뛰겠지만, 상대적 관점에서 생각하기로 하자. '진짜 진보주의자들'보다 왼편에 있는 사람은 그들을 '가짜'라고 할 게 아닌가 말이다. 이젠 '좌파'라는 말이 널리 쓰이는 세상이 되었으니, 여기선 혼동을 피하기 위해 그런 '진짜 진보주의자들'은 '좌파 진보주의자들'로 부르도록 하자.

싸가지 문제는 민주당이 안고 있는 모든 문제의 알파이자 오메가라고 해도 과언이 아니다. 오죽하면 '싸가지 없는 진보'란 표현이 한 세트로 굳어졌겠는가. 내부 계파 문제가 심각하다고는 하지만, 그것 역시 싸가지의 문제다. 새누리당을 대하던 행태가 중독성 습관이 되어 내부에서까지 발휘됨으로써 소통을 불가능하게 만들 뿐만 아니라 상호 신뢰를 갉아먹게 만든다는 것이다.

민주당 사람들이 생각하는 정치의 목적은 무엇일까? 민주당이 대선을 포함한 선거에서 승리해서 이 세상을 바꾸는 데에 유리한 고지를 차지하는 것일까? 천만의 말씀이다. 그렇지 않다. 우선 나와 내

---

5. 권대열, 「'民主黨'이란 이름으로 돌아가자」, 『조선일보』, 2014년 8월 1일. 예전에 열린우리당을 '열우당'으로 줄여 부르면 그 당 사람들이 펄펄 뛰던 것과 어찌나 비슷한지 쓴웃음이 나온다.

계파가 내부에서 이기고 보는 것이 목적이다. 세상을 바꿔보고 싶은 뜻이 있다 하더라도 그것은 자신들의 패권을 전제로 한 것이기 때문에 있으나 마나 한 것이다. 이미 내부 싸움하다가 망가진 게 한두 번이 아니고 앞으로도 계속 그럴 가능성이 농후하기 때문이다.

각 계파별 지지자들의 지지 행태는 다를까? 다를 것 없다. 똑같다. 아니 더 노골적이다. 앞서 언급한 내 글에 대한 비판의 상당 부분이, 내 메시지보다는 나의 정치적 성향에 대한 계파 분석에 할애된 걸 보고서 나는 혀를 끌끌 차지 않을 수 없었다. 이른바 '투사 projection', 그것도 악성 투사다.

투사는 자기 자신의 동기나 불편한 감정을 다른 사람에게 돌림으로써 불안과 죄의식에서 벗어나고자 하는 심리적 방어기제다. 자신의 정치적 '빠' 행위에 대해 알게 모르게 마음 한구석에 자리 잡고 있는 불편한 감정을 다른 사람에게 돌림으로써 편해지려고 하는 짓, 이걸 가리켜 흔히 '왕싸가지' 라고 한다. 타락한 정치는 유권자들마저 타락시킨다더니, 딱 그 꼴이라고나 할까.

바로 여기서 '구성의 오류' 가 작동한다. 진보주의자들 개개인의 언행은 다 합당한 나름의 이유가 있고 정당한 것일망정, 그 총합은 진보를 죽이는 역설이 발생한다. '구성의 오류' 는 '공시적共時的, synchronic' 개념이지만, 공간을 넘어 시간으로까지 확장해 쓴다면 '통시적通時的, diachronic' 버전도 가능하다. 진보주의자들은 늘 눈앞의 승리를 탐하는 '선거주의electoralism' 에 중독된 나머지 '공천파동' 에서부터 '야권 후보 단일화' 에 이르기까지 미래를 그르치는 일을 밥 먹듯이 한다. 소탐대실小貪大失이라는 말을 입증하기 위해 애를 쓰는 것처럼 보일 정도다. 이 또한 싸가지 문제와 무관치 않으니, 이거야말로 '통시적 구성의 오류'가 아니고 무엇이랴.

지난 2007년 10월 참여사회연구소(소장 이병천 강원대학교 교수)가 주최한 '2007년 대선과 한국 정치의 새로운 선택' 토론회 발제문에서 한양대학교 교수 정상호는 이른바 '빠의 정치'와 '싸가지 정치'를 극복해야 할 주요 과제로 지적했는데,[6] 바로 이 두 가지 정치 유형이 '구성의 오류'를 작동시키는 최대 주범이다.

'빠의 정치'로 인한 문제, 정말 심각하다. 정치를 종교로 만들어버리기 때문이다. 소통이 될 리 만무하다. 내 주변을 보면, 바라는 세상에 대한 그림이 거의 같은 사람들이 있다. 대학 입시, 빈부 격차, 재벌 문제, 지방 문제, 남북문제 등 중요한 사회 이슈에 대해서 90퍼센트 이상 생각이 같다. 그런데 정치에 대해선 대화가 안 된다. 안 되는 정도가 아니라 아예 대화 자체를 피해버린다. 왜? 어떻게 저렇게 판단하고 저렇게 생각할 수 있는지 피차 짜증나고 화가 치밀기 때문이다.

정치는 이 사회를 좋은 방향으로 바꿔보자는 것이고, 생각이 같은 사람들이 정당 등의 단체를 통해 그 방향으로 가자는 것인데, 어찌하여 세상 보는 생각이 같고 목표도 같고 이슈에 대한 관점도 같은데 현실정치에 대한 생각은 대화가 불가능할 정도로 달라지는 것일

---

6. 전홍기혜, 「'빠'의 정치 · '싸가지' 정치를 넘어…정당정치로」, 『프레시안』, 2007년 10월 12일.

까? 그게 바로 '정치의 의인화擬人化' 때문이다. 내가 바라는 세상은 결국 사람을 통해서 바꾸는 것이니, 결국 나의 열망과 비전을 어떤 사람에게 바치는 것이 된다. 바로 여기서 큰 격차가 발생한다. 이 격차는 유전자가 아닌가 하는 생각이 들 정도다.

나는 특정 정치인을 지지하는 책을 여러 권 썼지만, 그 정치인에 대한 나의 입장은 늘 '4-6제'나 '3-7제'였지, 한 번도 '0-10제'였던 적은 없다. 즉, 지지를 하지만 60퍼센트나 70퍼센트 지지일 뿐, 그 사람의 문제점에 대한 인식을 40퍼센트나 30퍼센트는 갖고 있다는 뜻이다. 따라서 내가 공개적인 지지 후에도 그 40퍼센트나 30퍼센트로 인한 문제가 드러날 경우 비판을 하는 건 내겐 아주 당연한 일이다. 그러나 '빠'들은 그걸 변절이나 배신으로 보는 (내가 보기에) 이상한 두뇌 구조를 갖고 있다.

한 번 사랑했으면 끝까지 무조건 사랑해야 한다니, 정치적 지지가 무슨 연애질인가? 아니 연애도 그렇게 하진 않는다. 어떤 사람들은 그렇게 하는 사람이 의리도 있고 일관성도 있다고 극찬하고 추종까지 해대니, 나로선 그게 뭐하는 짓인가 싶다. 그렇지만 나는 그건 비판이나 논쟁으로 넘어설 수 있는 게 아니라는 걸, 또 나 같은 사람이 오히려 소수에 속하는 '변종 한국인'이라는 걸 오래전에 깨달았다. 나는 다양성 존중과 평화공존 차원에서 그런 사람들도 있으며 그들 역시 내가 손을 잡아야 할 동지들이라는 쪽으로 생각을 정리했다. 그들이 손잡기를 거부한다 해도 계속 손을 내밀며 애써보련다.

나는 안다. '빠의 정치'는 결코 사라질 수 없다는 것을. '빠' 하는 맛에 정치참여를 하고 있는 사람들에게 그거 하지 말라는 건 정치에 관심 끊으라는 말과 같다. 아이돌 그룹 팬클럽에 '인물지향적 팬질'을 넘어서 '가치지향적 팬질'을 하면 안 되겠냐고 말하는 것처럼 부질없는 일이다.

그래서 나는 그건 포기하고 '싸가지 정치'에 대해서만 다시 생각해보자는 말씀을 드리고 싶다. 물론 이 또한 극복하기 쉽지 않은 것이긴 하지만, '빠'와 또는 '빠'들끼리 싸우더라도 '싸가지 있는 싸움'은 어느 정도 가능하지 않겠느냐는 기대를 접을 순 없다. 달리 말해, '성찰이 이긴다'는 정도의 희망조차 없이 어떻게 세상을 살아갈 수 있겠는가 말이다. 그런 희망을 품고 이제 이야기를 시작해보자.

2014년 8월

강준만

제 **1** 장

싸가지란 무엇인가?
'싸가지 없는 진보'의 시장 논리

"넌 착한데
싸가지가 없어"?

싸가지는 '싹수(어떤 일이나 사람이 앞으로 잘 될 것 같은 낌새나 징조)'의 방언(강원, 전남)이다. 이게 국어사전의 정의인데, 너무 간단해 영 성에 차지 않는다. 국문학자 정민의 자상한 해설을 들어보자.

"씨앗을 심으면 싹이 터 나온다. 어떤 씨앗은 제 껍질을 머리에 이고 새 떡잎이 올라온다. 될성부른 나무는 떡잎부터 알아본다는 말이 있다. 처음 나온 새싹은 연둣빛으로 파랗지만 새싹이 아예 나오지 않는 것도 있다. 움터 나오는 새싹의 여린 모가지가 싹아지, 즉 싸가지다. 싸가지가 없으면 기르나 마나다. 곡식도 싸가지가 있어야 하지만 사람도 싸가지가 있어야 한다. 어려서부터 싸가지가 없으면 커서도 알곡 없는 쭉정이가 된다."[1]

그런데 세월이 흐르면서 싸가지는 국어사전의 품 안을 벗어났다. 오늘날엔 '가능성'이나 '장래성'보다는 주로 '예절'이나 '버릇'

의 의미로 쓰이기 때문이다.[2] 그래서 이 단어의 뜻에 헷갈려 하는 사람이 많다. 이는 네이버 '지식iN'에 "친구들이 '넌 착한데 싸가지가 없어' 이러는데요, 이게 무슨 말인가요?" 등과 같은 질문을 올리는 이들이 적잖은 걸 봐도 알 수 있다. 왜 그런 의미 변화가 일어났을까? 국어학자 조항범은 다음과 같이 말한다.

"'싸가지'가 부정어 '없다'와 어울려 '싸가지가 없다'의 형식으로 많이 쓰이면서 이상한 일이 벌어졌다. '싸가지'에 그야말로 '싸가지(싹수)가 없는 것' 또는 '싸가지(싹수)가 없는 사람'이라는 부정적 의미가 새로 생겨난 것이다. 이러한 부정적 의미는 '싸가지'와 빈번히 어울려 나타나는 '없다'의 부정적 의미 가치에 전염된 결과 생겨난 것이다. '아, 싸가지네', '뭐, 저런 싸가지가 다 있냐?', '싸가지, 그런 재미있는 일을 저 혼자만 즐기다니!' 등에 쓰인 '싸가지'가 바로 새로 생겨난 변화된 의미로서의 그것이다.…… '왕싸가지'라는 단어나 '내 사랑 싸가지'라는 표현을 보면 '싸가지'의 의미 변화가 상당히 진척되었음을 알 수 있다."[3]

싸가지가 국어사전의 품 안을 벗어나긴 했지만 그리 멀리 벗어난 건 아니다. '예절'이나 '버릇'이 없으면 '가능성'이나 '장래성'이 어둡다고 볼 수 있기 때문이다. 물론 '예절'이나 '버릇'이 성공에

---

1. 「싹수와 싸가지」, 『네이버 지식백과』(정민, 『살아있는 한자 교과서』, 휴머니스트, 2011년 5월 23일).
2. 좀 점잖게 말하기 위해 싸가지를 '네가지'로 표현하는 이들도 있다. 강재형, 「[말글살이] '네가지'」, 『한겨레』, 2012년 4월 6일.
3. 「싸가지」, 『네이버 지식백과』(조항범, 『정말 궁금한 우리말 100가지』, 예담, 2009년 9월 25일).

절대적으로 중요한 건 아니며, 뻔뻔한 탐욕이 성공에 더 도움이 되는 경우도 많다. 하지만 인간관계에서 '예절'이나 '버릇'이 없는 사람을 곱게 봐주긴 어려웠을 것이므로, 그런 사람을 꾸짖기 위해 '가능성'이나 '장래성'을 말하는 단어까지 끌어들인 게 아닐까? 싸가지라는 단어 자체가 부정적 의미를 갖게 된 건 '싸가지가 없다'가 많이 쓰이다 보니, 축약 현상이 일어나면서 '싸가지'라는 단어 자체로 '싸가지가 없다'는 뜻을 내포하게 된 게 아닐까? 그래서 텔레비전 드라마에서까지 이런 대사가 나오게 된 건지도 모르겠다. "왕가네 식구들 완전 싸가지야! 끝내! 싸가지가 왜 왔냐? 싸가지 집안과 결혼 못한다!"

싸가지는 '예절'이나 '버릇'의 의미로 쓰이긴 하지만, '예절'이나 '버릇'이라는 단어만으론 포착할 수 없는 독특한 뉘앙스를 담고 있는 말이다. 못난 사람이 '예절'이나 '버릇'이 없을 수 있지만, 그런 사람에게 '싸가지가 없다'고 말하진 않는다. 싸가지는 주로 인간관계나 집단에서 잘났거나 잘난 척하는 사람에게 쓰이는 말이다. 또 일반적인 공중도덕과 관련된 '예절'이나 '버릇'이라기보다는 인간관계에서 남을 배려하는 마음이 없다거나 그 밖의 무례, 독선, 오만, 도덕적 우월감 등을 지적할 때에 많이 쓰이는 말이다. 그래서 더할 나위 없이 착하면서도 싸가지가 없다는 말을 듣는 게 얼마든지 가능해지는 것이다.

'생산적 싸가지'와 '파괴적 싸가지'

싸가지의 그런 미묘한 복잡성 때문에 싸가지라는 개념에 대한 혼란이 만만치 않다. 가장 문제가 되는 혼란을 해소하기 위해 교통정리를 해보자. 싸가지를 '생산적 싸가지'와 '파괴적 싸가지'로 나누어 생각해보는 게 좋겠다. 우리는 보통 인사성이 없거나 무례하거나 건방지거나 당돌한 행위를 하는 사람을 가리켜 '싸가지가 없다'고 말한다. 형식은 그렇지만 그 내용이 옳다면 어떻게 볼 것인가?

잘못되었거나 낙후된 관행을 고수하면서 그걸 바꿀 뜻이 전혀 없는 집단이나 공동체에서 싸가지 있게 행동한다는 건 무엇을 뜻하는가? 그 문화에 편입된다는 걸 의미한다. 싸가지가 없어야만 기존 문화에 도전해 변화를 불러일으킬 수 있다. 이걸 '생산적 싸가지'로 부르기로 하자. 엄밀히 말하자면 '생산적으로 싸가지 없음'이지만, 그렇게 줄여 부르기로 하자. 마찬가지로 '파괴적으로 싸가지 없음'도 '파괴적 싸가지'로 줄여 부르기로 하자.

'파괴적 싸가지'란 무엇인가? 이는 '생산적 싸가지'와 다른 종류의 것은 아니다. '생산적 싸가지' 중에서 어떤 점이 지나친 나머지 자신은 물론 모두를 파괴로 몰아가는 경우를 가리키는 것으로 보면 되겠다. 바로 이 '지나친 정도'를 판별하는 데에서 혼란이 생긴다. 앞으로 싸가지 논쟁을 벌일 때엔 생산적이냐 파괴적이냐를 놓고 따

저보는 게 논쟁의 효율을 높일 수 있을 것이다. '파괴적 싸가지' 엔 여러 특성이 있을 수 있겠지만, 딱 두 가지만 지적하기로 하자.

첫째, 지구는 자신을 중심으로 돌아야 한다고 생각하고 이에 따라 행동하는 자기중심주의다. 물론 이건 어느 단계까진 매우 좋은 점이다. 궂은일에도 자신이 앞장서고 헌신하는 동력이 되기 때문이다. 그런데 그렇기 때문에 이런 사람은 리더가 될 가능성이 매우 높다. 비극은 바로 여기서 시작된다.

이런 사람은 자기 자신이나 자신의 주장을 절대 선이자 절대 진리로 간주하기 때문에 모든 걸 자신이 주도하지 않으면 못 견뎌 한다. 자신의 주도권을 위해 끊임없이 분열과 분란을 일으키면서 상대편을 악惡으로 몰아간다. 이전투구泥田鬪狗로 전체 집단이 망한다 하더라도 개의치 않는다. 악과 거짓이 힘을 쓰게 하느니 차라리 망하는 게 더 낫다고 생각한다. 과장된 묘사를 하긴 했지만 이런 사람은 어느 조직에서든 꼭 있기 마련이다.

둘째, 상대편을 공격할 때 가능한 한 깊은 상처를 주기 위해 자신의 지적 역량을 총동원하는 극단주의다. 추종자들은 카타르시스 효과를 만끽하면서 열광하기 마련이다. 마음에 안 드는 사람을 너무도 속이 후련하게 공격해주니 교주로 모시고 싶은 마음이다.

'파괴적 싸가지' 의 주인공은 이념과 정치적 성향을 초월해 존재한다. 이들에겐 능력과 열정이 있기 때문에 어느 곳에서든 큰 영향력을 행사한다. 이들 때문에 가장 큰 피해를 보는 건 전체 집단이지만, 특별히 더 피해를 보는 이들이 있으니 바로 '생산적 싸가지' 의 주인공들이다. 두 유형의 싸가지를 판별하는 것이 어려워 사람들이 무조건 싸가지 없는 사람을 경계하기 때문이다. 과거엔 싸가지를 따지는 건 보수적 인간관의 표출이었지만, '싸가지 없음의 대중화'가 실현되고 있는 인터넷 시대엔 다른 의미를 갖게 되었다. 문제의 핵심은 성찰성이다. 싸가지가 있건 없건 성찰 능력부터 보는 게 올바른 판단법이리라.

"옳은 소리를 저토록 싸가지 없이 말하는 재주"

사적 영역에서 쓰이던 싸가지가 공적 담론의 영역으로 진입한 때는 노무현 정부 시절이다. 누구나 짐작하겠지만, 바로 김영춘의 유시민 비판 사건이 결정적 계기였다. 유시민이 "정치인으로 치명상을 입었다"고 말할 정도로,[4] 이는 유시민에게 큰 상처가 된 사건이었기에 그걸 다시 소개하는 게 꺼림칙하긴 하다. 특히 이 책의 메시지가 '싸가지 있는 진보'를 지향하자는 것이라 더욱 그렇다. 그러나 이 책의 주제와 관련해 결코 피해갈 수 없는 이야기니, 너그러운 이해를 바랄 뿐이다.

---

4. 김영훈·정강현·김은하, 「'대선 도전은 씨 안 뿌리고 추수하는 격': 노 대통령 '정치적 경호실장' 유시민 인터뷰」, 『중앙일보』, 2007년 5월 23일.

2005년 3월 25일 여당인 열린우리당 386 초·재선 의원 모임인 '새로운 모색'의 공동대표 김영춘은 유시민에게 보낸 공개서한에서 "유시민에 대한 비판을 종합해보면 가장 앞서는 것이 '진실성의 결여'"라고 지적했다. 그는 이 편지에서 "'옳은 소리를 저토록 싸가지 없이 말하는 재주는 어디서 배웠을까?' 하고 생각했던 적이 있다"고 말했다.

김영춘은 "젊은 의원들 대부분이 학생운동과 사회운동을 경험한 사람들이라 동지로서, 선배로서 형(유 의원)에 대한 마지막 애정과 미련을 갖고 있었기 때문에 공개 비판을 주저했다"며 "이제 더이상 지지할 수 없어 이 글을 쓴다"고 말했다.

김영춘은 "요즘 (유 의원은) 마치 유다인들에게 탄압받는 선지자처럼 말하고 있다"며 "선거 결과에 상관없이 이미 우리당 최대 실력자 중 한 명이고, 정동영계·김근태계 그런 계파가 있다면 깨는 것이 유시민의 역할인데, 왜 유시민계를 만들어 권력의 합종연횡을 하려 하느냐"고 말했다. 그는 이어 "궁정정치, 음모적 권력정치의 총아가 바로 유시민 자신이 될 수 있다"며 "운동권 정치를 겪고 현실정치에 뛰어든 사람들 중에 정치를 속물적으로 파악하는 일부 얼치기 프로들에게서 흔히 나타나는 현상"이라고 꼬집었다.[5]

"옳은 소리를 저토록 싸가지 없이 말하는 재주"라는 말이 많은

5. 정우상, 「"시민이 형! 형의 문제는 진실성이 없다는 것입니다"」, 『조선일보』, 2005년 3월 26일, A5면.

사람의 심금을 울린 걸까? 이 말이 널리 인구에 회자되면서 유행어 비슷한 인기를 누렸고, 이후 정치권에서 싸가지라는 말이 정치 용어 비슷하게 자리를 잡았다. 나중에 김영춘이 자신이 했던 그 말이 "너무 일파만파 파장을 일으켜 송구스럽게 생각합니다"라고 말했다는 것도 기억해두기로 하자.[6]

사실 김영춘이 우연적이거나 본의 아닌 악역을 맡았을 뿐, 싸가지에 대한 문제의식은 정치판 전체에 걸쳐 광범위하게 형성되어 있었다. '싸가지'라는 단어가 어떤 용도로 사용되었는가 하는 주요 사례들을 차례대로 살펴보면서 싸가지에 대한 문제의식을 고취해보기로 하자.

"'싸가지 있는' 정치를 위하여"

2005년 10월 28일 열린우리당 의장 문희상을 비롯한 상임중앙위원 전원이 재선거 참패의 책임을 지고 총사퇴한 가운데 긴급 소집된 열린우리당 중앙위원-국회의원 연석회의에서는 노무현 대통령에 대한 비판과 당-정-청 전면쇄신 주장이 잇달아

---

6. 유인경, 「김영춘 "정치판서 386은 끝났다, 불출마는 처절한 고해성사"」, 『경향신문』, 2008년 5월 30일.

1.
싸가지란
무엇인가?

제기되었다. 이 자리에서 김성곤은 "우리가 논리적으로 맞는 얘기를 해도 국민 정서를 따라가지 못하고 있다. 똑똑하지만 싸가지 없는 당"이라고 했다.[7]

2006년 5월 열린우리당의 지지율이 한나라당 지지율의 반토막으로 떨어진 것과 관련, 『내일신문』과 한길리서치연구소가 열린우리당의 지지율이 오르지 않는 이유에 대해 조사했다. 응답자들은 '국정 운영에 무능해서'(31.5퍼센트), '국정 운영방식이나 철학에 공감하지 않아서'(27.3퍼센트), '남을 비판하고 공격하는 독선적 모습이 싫어서'(21.6퍼센트) 등의 답을 내놓았다. 반면 한나라당 지지의 주된 이유는 '열린우리당이 더 싫어서'(37.9퍼센트)인 것으로 나타났다.[8]

2006년 11월 2일 열린우리당은 의원총회를 갖고, 지금의 여당을 해체하고 신당을 만들 것인지, 아니면 재창당을 할 것인지, 또 이 작업을 어떤 방식으로 할 것인지에 관한 난상토론을 벌였다. 이 자리에서 양승조는 다음과 같이 말했다.

"목사가 똑같은 성경 보고 설교한다. 그런데 목사가 노력하고 열심히 하면 신도가 몰리고, 목사가 '싸가지' 없으면 신도가 떨어져

7. 이지은, 「"당을 부속물로 생각 말라" "대통령이 신이냐"…청와대는 침묵」, 『한겨레』, 2005년 10월 29일, 5면; 조인직·장강명, 「"대통령이 신이냐" "당은 부속물이냐": 여당, 노 대통령 정면 공격…지도부 총사퇴」, 『동아일보』, 2005년 10월 29일, 3면; 박두식, 「여 의원들 대통령 정면 비판」, 『조선일보』, 2005년 10월 29일, 1면.
8. 김상범, 「"무능한 여당 꼴 보기 싫다": 17~22%에 갇힌 열린우리당 지지율…"남 공격할 땐 독선적이라 싫어"」, 『내일신문』, 2006년 5월 8일.

나간다. 태도도 중요하다. 의총 10시에 한다고 하면서 10시에 시작한 적 한 번도 없다. 말로 100번 반성해도 '싸가지' 없으면 안 된다."[9]

2007년 9월 13일 언론인 고종석은 「'싸가지 있는' 정치를 위하여」라는 『한국일보』 칼럼에서 "옳은 소리든 그른 소리든, 공인의 말투는 싸가지가 있는 게 좋을 것 같다. 사실 '싸가지 없다'는 말도 싸가지 없는 말이다. 뜻이 고스란히 포개지지는 않겠지만, 지금부터 '기품 없다'나 '예의 없다'로 바꾸겠다"며 다음과 같이 말했다.

"시장판의 싸움에서야 기품 없는 게 무기일 수 있다. 기품 찾고 예의 찾다보면 약하게 보이고 사기도 꺾인다. 그러나 문명사회의 정치판에서까지 기품 없음이 무기가 된다면 그건 슬픈 일이다. 정치도 그 본질이 싸움인데 기품 찾다 지느니 기품 없이 이기는 게 낫지 않느냐고 따지면 대답이 좀 궁색해지긴 하지만, 그래도 그것이 슬픈 일임에는 변함이 없다. 기품 없음이 무기가 되면, 싸움이 진행될수록 당사자들은 점점 더 기품이 없어진다. 그래서 점점 더 깊은 상처를 주고받게 된다. 그러다 보면 아픔을 느끼는 능력이 가장 모자란 사람이 최후의 승자가 된다."[10]

9. 황대진·임민혁, 「열린우리당 의원총회…발언록 요약」, 『조선일보』, 2006년 11월 3일, A4면.
10. 고종석, 「'싸가지 있는' 정치를 위하여」, 『한국일보』, 2007년 9월 13일.

2012 대선의
'싸가지 논란'

　　'머리말'에서 소개했듯이, 2007년 10월 12일 참여사회연구소(소장 이병천 강원대학교 교수)가 주최한 '2007년 대선과 한국정치의 새로운 선택' 토론회 발제문에서 한양대학교 교수 정상호는 여야 모두 강한 개성과 화법을 가진 정치인들이 뜨는 '싸가지' 정치를 극복해야 할 주요 과제 중의 하나로 제시했다. 그는 "무색무취한 리더십도 문제이지만 언어와 행동의 자아도취식 리더십은 더 큰 문제"라면서 "이는 온라인 시대에 심각한 소통의 장애현상과 소모적 논쟁을 일삼는 천박한 정치문화를 가져온다"고 말했다.[11]

　　2007년 12월 28일 『한국일보』 주필 임철순은 「'겸손한 소통'의 시대로」라는 칼럼에서 대선 결과와 관련, 이렇게 말했다. "우리나라의 경우 좌와 우의 싸움은 품성과 태도에 의해 불필요하게 증폭된 측면이 있다. 겸손, 보편타당, 온유, 품위……이런 것들이 이제 주요 덕목이 돼야 한다. 맞는 말이라도 싸가지 없이 하기보다 틀린 말이라도 싸가지 있게 하는 게 더 중요해진 상황이다."[12]

　　2008년 3월 7일 통합민주당 공천심사위원장 박재승은 라디오에 출연, "말을 막 거침없이 하는 의원들이 많이 있는데 그것도 정치

11. 전홍기혜, 「'빠'의 정치·'싸가지' 정치를 넘어…정당정치로」, 『프레시안』, 2007년 10월 12일.
12. 임철순, 「'겸손한 소통'의 시대로」, 『한국일보』, 2007년 12월 28일.

불신의 원인이며 자신들을 깎아먹는 것"이라며 "(그런 의원들은) 배제까지는 몰라도 점수에서 불이익을 주겠다"고 말했다. 이와 관련, 『조선일보』는 「'싸가지 없는 말'도 공천 불이익」이라는 기사에서 다음과 같이 말했다.

"열린우리당 출신들은 스스로 '우리는 싸가지 때문에 망했다'는 말들을 한다. 김부겸 의원은 작년 3월 공개적으로 '우리가 이렇게 몰락한 것은 싸가지가 없어서'라고 했고, 올해 초 초선들의 쇄신 모임을 이끌어온 정성호 의원은 '노무현 정부는 쉽게 말해 싸가지가 없는 정권이었다'고 했다. 열린우리당 초기였던 2004년과 2005년은 '싸가지 없게 이야기'하는 게 새로운 정치문화인 것인 양 유행을 탔던 시절이었다."[13]

2012년 12월 4일 대선 TV 토론에서 통합진보당 후보 이정희가 "박근혜 후보를 떨어뜨리려고 나왔다"고 말한 것과 관련, 사회디자인연구소 소장 김대호는 "옳은 말도 싸가지 없이 하면 크게 마이너스인데, 이정희는 해서는 안 될 말을 너무 많이 했다. '○○년'하는 노골적인 욕설과 머리끄덩이만 잡지 않았을 뿐 할 수 있는 무례는 다 했다고 보아야 한다"며 다음과 같이 말했다.

"분명한 것은 이정희는 박근혜에 대한 분노, 증오심으로 이를 가는 사람들에게 카타르시스를 주었고, 역사 지식이 거의 제로인 20대

---

13. 김민철, 「'싸가지 없는 말'도 공천 불이익: 민주당 박재승 공심위원장 "막말이 정치 불신의 원인"」, 『조선일보』, 2008년 3월 8일.

일부에게 과거사 공부를 좀 시켰을지 모르지만, 기본적으로 민주진 보에 대한 공포와 혐오감을 불러일으키는 데 혁혁한 공(?)을 세운 것은 분명하다. 이정희의 품격은커녕, 최소한의 예의도 없는 망동으로 인해, 문재인 후보는 선뜻 야권연대의 손을 내밀지 못하고, 보수 지지층은 이정희를 보면서 '저런 놈들이 설치는 것을 막기 위해서 아무리 박근혜가 미워도 무슨 일이 있더라도 보수 후보를 당선시켜야겠다'는 마음을 굳히는 데 혁혁한 공을 세웠다는 얘기다."[14]

2013년 1월 22일 시민사회 활동가 출신의 민주통합당 초선 의원인 최원식은 『동아일보』인터뷰에서 "지난해 총선, 대선에서 '나는 꼼수다' 등이 전면에 나서면서 50, 60대가 등을 돌렸다는 얘기가 많은데……"라는 질문에 대해 다음과 같이 답했다.

"나도 81학번(1981년 대학 입학)이어서 50대인데……(웃음). 과거 학생운동을 한 친구들조차 '민주당은 싸가지가 없다'고 한다. 정당은 국가 정책을 결정하는 단위인데, 신뢰를 주지 못했다. 경제민주화만 해도 우리가 먼저 외쳤지만 새누리당이 더 잘할 것 같으니까 국민이 그쪽으로 간 거다."[15]

2013년 12월에 출간된 대선 회고록 『1219 끝이 시작이다』에서 문재인은 이렇게 말했다. "혹시 우리가 민주화에 대한 헌신과 진보

14. 김대호, 「(대선후보 TV토론 소감) 담대한 개혁만 얘기해도 시간이 모자란데…분노, 증오, 혐오, 공포에 불을 지르면 이기나?」, 『사회디자인연구소』, 2012년 12월 5일.
15. 조수진, 「[야당이 우뚝 서야 정치가 선다] (5·끝) "민주당 싸가지 없다" 운동권 친구들조차…」, 『동아일보』, 2013년 1월 22일.

적 가치들에 대한 자부심으로, 생각이 다른 사람들과 선을 그어 편을 가르거나 우월감을 갖지는 않았는지 되돌아볼 필요가 있습니다. 우리가 이른바 '싸가지 없는 진보'를 자초한 것이 아닌지 겸허한 반성이 필요한 때입니다."[16]

"민주당은 심판밖에 모르는 테러리스트"?

2014년 1월 3일 대구 『매일신문』은 「민주당은 '싸가지'를 회복할 것인가」라는 사설에서 "민주당이 참담하게 추락한 지지율 회복을 위한 '3대 혁신 프로젝트'의 하나로 '막말과 오합지졸烏合之卒 정치 추방 등 당내 질서 회복'을 추진한다고 한다. 민주당 관계자의 말대로 '한마디로 싸가지 없고 무질서한 정당에서 벗어나자는 것'이다"며 다음과 같이 말했다.

---

16. 문재인, 『1219 끝이 시작이다』(바다출판사, 2013), 310쪽. 문재인의 이런 반성에 대해 『동아일보』 논설위원 김순덕은 이렇게 비판했다. "노무현 전 대통령의 서해 북방한계선(NLL) 발언 논란에 '원본 공개하라', '국가기록원 찾아보자'는 공개 발언으로 일을 키운 사람이 바로 그다. 심지어 여야 대표가 NLL 논란 중단 선언까지 했는데도 문재인은 'NLL 포기 논란의 진실을 밝혀야 한다'(7월 26일)고 불을 질러 검찰 수사로까지 확대시켰다. 'NLL에 관한 노 전 대통령의 입장이 북한과 같은 것으로 드러나면 제가 사과는 물론 정치를 그만두는 것으로 책임을 지겠다'(6월 30일)더니, 국민적 에너지를 1년 가까이 허비하게 만들고는 이제 와서 '대화록 미(未)이관은 참여정부의 불찰이고 송구스럽게 생각한다'고 가볍게 넘기는 건 무책임하다는 표현으로도 부족하다. 스스로 '싸가지 없는 진보는 안 되더라'고 했지만 지금 본인이 딱 그 행태다." 김순덕, 「남자답지 못한 남자는 껍데기다」, 『동아일보』, 2013년 12월 2일.

"이러한 '싸가지 회복' 프로젝트가 마련되고 있다는 것은 그만큼 민주당 스스로 '싸가지 없음'을 심각하게 보고 있음을 말해준다. 이런 '싸가지'로는 국민의 마음을 얻을 수 없다는 것을 자각하고 있다는 얘기다. 문제는 말 따로 행동 따로라는 것이다.⋯⋯장하나 의원의 대선 불복 발언과 박근혜 대통령이 아버지의 전철을 밟을 수 있다고 한 양승조 최고위원의 막말은 이를 잘 보여줬다. 재미있는 것은 이들의 발언이 문제인 의원이 대선 회고록 출간에 앞서 내용을 미리 알리면서 '우리가 싸가지 없는 진보를 자초한 건 아닌지 겸허한 반성이 필요한 때'라고 한 다음에 나왔다는 점이다. 한쪽에서 싸가지 없음을 반성해야 한다고 하면서 다른 쪽에서는 여전히 싸가지 없는 행태를 되풀이하니 그 반성에서 진정성이 읽힐 리 없다."[17]

2014년 3월 10일 야당 간판으로 대구시장 선거에 도전한 김부겸은 『조선일보』 인터뷰에서 다음과 같이 말했다.

"지역주의도 있지만 사실 우리가 정치를 대범하고 진정성 있게 해야 한다. 국가기관 선거 개입 용납할 수 없지만 그것이 국민 삶을 뒤흔들 이슈는 아니다. 정치적 성숙함을 보여줘야 한다. 민생 현안으로 야당이 여당을 공격하고 대안을 제시하며 싸웠다면 박수 받았을 것이다. 반대만 한다고 야당에 정권 맡기지 않을 것이다. 그리고 제발 야당이 '싸가지' 없는 정치를 한다는 그런 부분을 털어내야 한

17. 「[사설] 민주당은 '싸가지'를 회복할 것인가」, 『매일신문』, 2014년 1월 3일.

다. 같은 말을 해도 못되게 하는 것 있지 않은가. 민주당이 싸가지 없는 당이라는 인상을 주는 정치인이 몇몇 있다."[18]

2014년 6월 16일 좌파 진보정당 미디어인 『레디앙』에 게재된 「'싸가지' 없는 야권, 새누리당 읍소 전략에 밀려: 진보정당 청년당원들의 6·4 지방선거 평가」엔 다음과 같은 진단들이 나왔다.

"새누리당의 능력이라는 건 사람들에게 감정적으로 잘 다가간다는 것이다. 어떻게 보면 야권은 중도층에게 잘 어필하지 못한 채 '싸가지 없는 진보'의 모습이 있었던 것 같다. 나 역시 '왜 저렇게까지 하지'라고 생각할 정도의 행보가 있었다. 새누리당 지지자 옆에서 조롱하거나 대통령의 악수를 거부하는 것도 그렇고. 진보 진영 안에서는 통쾌하다는 반응이지만 중간층이나 보수층에서는 싸가지 없게 보여진 것 같다. 반면 새누리당은 감성을 자극해서 보수층을 투표소로 향하게 하는 게 있는 것 같다.……민주당 전술은 딱 하나인 것 같다. 바로 인질극. '얘네 싫지? 그러면 날 뽑아'이거다. 칼 들이대고 인질극 하는데 그런 방식이 통하냐는 것이다. 이회창 나올 때는 이회창 심판해야 한다고 하고, 이명박 심판, 박근혜 심판, 어쩌라는 건지. 유권자들 입장에서 질릴 만하다.……선거판을 짜는 사람들이 굉장히 무능력하고 오히려 그냥 테러리스트같다. 할 줄 아는 게 인질극밖에 없는."[19]

---

18. 정우상, 「[조선 인터뷰] "박근혜 대통령 시대에 野黨 대구·부산시장, 기분 좋은 상상 아닌가"」, 『조선일보』, 2014년 3월 10일.

싸가지의
3대 용법

이상 소개한 10여 가지 싸가지 사례 용법을 포함해 내가 수일간에 걸쳐 인터넷에서 일일이 살펴본 수백 건의 용법을 종합해보건대, 싸가지는 크게 나눠 세 가지 용법으로 사용되고 있다는 걸 알 수 있었다. 물론 이 세 가지는 따로 분리할 수 있는 건 아니며, 동시에 나타나기도 한다.

첫째, 매우 심한 무례를 지적할 때에 쓰이는 말이다. 그런데 이 경우의 싸가지는 의외로 그 영향력이 약하다. 무례가 옳지 않다는 건 만인이 동의하기 때문이다. 이 싸가지는 권력에 취해서 나타나는 경향이 있기 때문에 진보는 물론 보수도 잘 저지르는 것이다. 예컨대, 다음 경우를 보자.

2008년 2월 『경향신문』 논설위원 이승철은 「싸가지 결핍증」이라는 칼럼에서 "질병 중 진짜 고치기 힘든 질병이 있다. '싸가지 결핍증' 이란 병이다. 싸가지가 없을 때 걸리는 질병이 바로 그것이다. 이 병의 가장 큰 특징은 아무에게나 반말을 한다는 데 있다. 요즈음 국회 장관 인사청문회를 지켜보면 '싸가지 결핍증' 이란 병명이 절로 떠오른다"며 다음과 같이 말했다.

---

19. 장여진, 「'싸가지' 없는 야권, 새누리당 읍소 전략에 밀려: 진보정당 청년당원들의 6·4 지방선거 평가」, 『레디앙』, 2014년 6월 16일.

"장관 후보자들의 말만으로 '싸가지 어록語錄'을 만들어도 될 정도다. 서민들의 억장 무너지는 소리가 크게 들린다. '싸가지'의 원조는 유시민 의원이다.……그런데 이제 반대당인 이명박 정부의 장관 후보자들이 유 의원의 전매특허에 도전하고 있는 모습을 보면 일종의 아이러니를 느낀다. 싸가지 결핍증은 단순한 듯 보이지만 치유가 힘들다는 점에서 난치병에 속한다. 이명박 정부의 초대 내각 후보들 중 상당수가 진짜 이 병에 걸렸다면 큰일이 아닐 수 없다. 대통령이 가능한 한 빨리 싸가지 결핍증 환자들을 격리조치해야 하지 않을까 싶다."[20]

얼른 생각하면 반말을 함부로 내뱉거나 자신을 정당화하기 위해 말도 안 되는 궤변을 늘어놓는 사람들의 싸가지가 최악일 것 같지만, 이들은 못된 습관에 중독된 것일 뿐 자신의 언행을 공개적으로 옹호할 만큼 확신범은 아니다. 따라서 이 싸가지는 정치적으론 큰 의미가 없다.

둘째, 도덕적 우월감을 지적할 때에 쓰이는 말이다. 우리 인간이란 게 참 묘한 존재다. 매우 무례한 인간을 대할 때 화가 나긴 하지만, 그게 그리 오래가진 않는다. 그 사람을 '천하의 몹쓸 놈'이라고 진단을 내리고 나면, 모든 문제가 간단히 풀리기 때문이다. 그런데 도덕적 우월감을 과시하는 사람은 좀 다르다. 상내편이 세법 예의바

---

20. 이승철, 「[여적] 싸가지 결핍증」, 『경향신문』, 2008년 2월 28일.

른 태도를 취한다 하더라도 나에 비해 도덕적으로 우월한 것처럼 전제하고 말을 하면, 기분이 나쁠 뿐만 아니라 그 감정이 오래간다. 무례하게 도덕적 우월감을 과시하는 사람도 있는데, 이런 사람은 정말이지 한 대 패주고 싶을 정도로 얄밉다. 아니 두고두고 패주고 싶다는 생각을 오래 간직하게 된다.

셋째, 언행이 일치하지 않는 위선을 지적할 때에 쓰이는 말이다. 언言은 정의와 도덕 일변도인데, 행行은 정의와 도덕과는 거리가 먼 사람이 많다. 도덕적 우월감과 더불어 언행 불일치는 주로 진보에게서 많이 나타난다. 모든 보수가 다 그런 건 아니지만, 인간의 탐욕을 긍정하면서 자신의 탐욕을 채우기에 바쁜 사람들은 정의와 도덕을 강조하지 않기 때문에 우월감을 느끼거나 언행 불일치를 할 확률이 줄어든다. 일상적 삶, 특히 자녀교육이나 부동산 문제에서 진보가 보수와 다를 바 없이 살아가는 게 논리적으론 문제될 게 없을지 몰라도, 감정적으론 큰 반감을 불러일으키기 십상이다.

인간은 자신의 위선에 대해 선천적으로 무지하다는 주장도 있는바,[21] 위선을 극복하는 건 결코 쉬운 일이 아니다. 보수파는 보수적 위선과 진보적 위선 중 후자가 더 해롭다고 주장한다. 전자의 위선은 개인의 삶의 영역에 국한되지만, 후자는 입법과 정책 등을 통해 사회 전체에 영향을 미치기 때문이라는 것이다.[22] 이 주장의 타당성

---

21. 조너선 하이트(Jonathan Haidt), 권오열 옮김, 『명품을 코에 감은 코끼리, 행복을 찾아나서다』(물푸레, 2006/2010), 122쪽.

여부에 불문하고, 일반 유권자들 역시 그런 생각을 어렴풋하게나마 할 수 있다는 걸 잊어선 안 된다.

이상 언급한 세 가지가 동시에 나타나는 경우도 많은데, 이거야 말로 최악이다. 생각해보라. 언행이 일치하지 않는 위선을 저지르면서 무례하게 도덕적 우월감을 과시하는 사람 또는 집단을 곱게 보아주긴 매우 어려운 일이다. 부당하건 타당하건, 이게 바로 민주당과 그 지지자들에게 덧씌워진 이미지다. '싸가지 없는 진보' 란 말은 진보의 골수 지지자가 아닌 사람들에겐 하나의 상식처럼 되어버린 게 지금의 현실이다.

성인이 아닌 보통 사람이 하는 비판은 위선에서 완벽히 자유로울 수는 없다. 그래서 우리는 "성인이 아니면 입 닥쳐saint or shut up" 라는 식의 '반反위선 근본주의' 가 낳을 수 있는 문제가 매우 심각하는 데에도 눈을 돌려야 마땅하다.[23] 그렇지만 민주당에 당장 필요한 건 그런 우려보다는 위선에 대한 투철한 자기 성찰이 아닐까?

22. Peter Schweizer, 『Do As I Say(Not As I Do): Profiles in Liberal Hypocrisy』(New York: Broadway Books, 2005), pp.6~7.
23. Jeremy Lott, 『In Defense of Hypocrisy: Picking Sides in the War on Virtue』(New York: Nelson Current, 2006), p.10.

김규항의
'불공정 게임'

　　'싸가지 없는 진보'의 사전엔 '성찰'이 없다. 도덕적 우월감이 성찰을 가로막을 뿐만 아니라 공격이 최상의 방어라고 믿기 때문이다. 그런데 또 이런 행동양식이 '싸가지 없는 진보'라는 이미지를 더욱 악화시킨다. 예컨대, 'B급 좌파'를 자처하는 김규항은 『경향신문』 칼럼에서 다음과 같이 말한다.

　　"지난 대선 당시에 '진보 놈들 꼴 보기 싫어서 박근혜 찍는다'는 식의 이야기가 하위계층에서 많았다. 그들의 반감은 자연스러운 데가 있다. 진보가 두 번이나 집권을 하는 동안 기대와는 달리 그들의 삶엔 별다른 게 없었는데, 이명박이나 박근혜를 비롯한 보수는 거의 악귀 취급을 하면서 자신들은 정의와 선의 세력인 양 구는, 정치라는 게 보수고 진보고 다 자기들 좋으라고 하는 거라는 걸 재확인해주었을 뿐이면서, 자신들을 선택하는 게 유일한 희망인 양 설레발치는 이상한 사람들에 대한 반감 말이다."[24]

　　아는 분은 잘 알겠지만, 김규항의 글은 그런 '반감'의 대변에 집중되어 있다. 그 자신 스스로 다음과 같이 인정할 정도다. "개인적으로 지난 10여 년 이상을 '고장 난 라디오처럼 동어반복을 한다'는

---

24. 김규항, 「마음의 회복」, 『경향신문』, 2014년 6월 24일.

말을 들을 정도로 한 이야기에 집중해왔던 것 같다. 신자유주의적 자본주의를 주도한 개혁세력이 진보를 참칭하고 대중의 눈과 귀를 막음으로써 좌파가 축소되고 사회가 미궁 속으로 빠지게 되었다는 이야기다."[25]

나는 그의 글의 애독자로서 그가 늘 옳은 말을 잘한다고 생각하는 편이다. 그래서 그가 나를 독하게 비판할 때에도 내심 흔쾌히 수긍한다. 그런데 그의 그런 글을 읽을 때마다 엉뚱하게도 '싸가지 없는 진보'는 영원히 치유 불능일지도 모른다는 암울한 생각에 젖는다. '싸가지 없는 진보'의 논리 구조를 그의 글에서도 똑같이 발견하기 때문이다. 김규항처럼 성찰에 투철한 지식인마저 그럴진대, '싸가지 없는 진보'에 변화를 촉구하는 건 하나마나한 짓이 아닌가 하는 생각이 든다는 것이다.

무슨 말인가? 김규항이 잘 지적했듯이, 민주당의 가장 큰 문제는 자기들이 잘할 생각은 않고 늘 보수에 대한 비판과 심판으로 자기 정당성을 확보하려는 데에 있다. 그게 진보의 길이라고 맞장구칠 뿐만 아니라, 더 나아가 민주당의 투쟁의지와 능력이 약하다고 비판하는 진보적 지식인이 숱하게 많다. 거의 대부분이 아닌가 싶을 정도로 진보 언론매체엔 그런 글들이 자주 실린다.

그러나 나는 그런 방식으론 절대 안 된다고 생각한다. 그런 점

---

25. 김규항, 「축소된 세상과 인간의 첫 질문」, 『경향신문』, 2014년 3월 18일.

에서 나는 김규항의 입장을 적극 지지한다. 그런데 김규항 역시 그런 방식을 그대로 복제하고 있는 건 아닐까? 좌파가 스스로 잘할 생각은 않고 민주당만 비판한다고 해서 무엇이 달라질 수 있을까? 민주당과 그 지지자들이 "진보를 참칭하고 대중의 눈과 귀를 막음으로써 좌파가 축소되고 사회가 미궁 속으로 빠지게 되었다"는 건 민주당 때문에 좌파가 잘할 수 있는 공간이 원천적으로 봉쇄되었다는 뜻일까? 그렇다면, 민주당도 똑같은 논리로 새누리당 비판에만 올인할 수 있는 게 아닐까?

김규항의 글을 좋아하는 독자의 입장에서, 나는 그가 비판의 논리 구조상 '새누리당과 민주당'의 관계가 '민주당과 좌파'의 관계와 닮은꼴일 수 있다는 점에 눈을 돌려 좌파 스스로 잘할 수 있는 길을 모색하는 데에 자신의 탁견을 발휘해주면 좋겠다. 좌파 쪽에서 그런 변화라도 있어야 '싸가지 없는 진보'의 변화 가능성도 열린다고 보기 때문이다.

글쟁이의 입장에서 볼 때에, 비판은 쉽고 지지는 어렵다. 법적인 명예훼손만 저지르지 않는다면 비판엔 책임이 따르지 않는 반면 지지엔 책임이 따르기 때문이다. 김규항은 민주당과 그 지지자들 비판에만 집중하느라 누군가를 지지하는 글을 쓸 겨를이 없다. 그래서 책임질 일도 없다. 시민의 정치참여는 오직 비판에 국한되어야 한다는 이론을 신봉하는 걸까? 그는 민주당 지지자들의 어떤 지지 행위에 대한 책임을 추궁하는 일에 심혈을 기울인다. 그는 늘 옳게 되어 있다. 다 맞는 이야기일망정, 이건 원초적으로 불공정 게임이다. 그런 점에서 김규항의 민주당 비판은 그의 선의에도 불구하고 '싸가지 없는 진보'가 좌파를 포함한 우리 모두의 문제라는 걸 말해주는 건 아닐까?

'싸가지 없음'의
원조는 좌파 진보

그 말 많고 탈 많던 통합진보당 사태 때 김규항이 어떤 식으로든 개입해 자신의 의견을 피력했더라면 어떤 일이 벌어졌을까? 특정 정파를 지지하지 않더라도 옳고 그름을 따지거나 자신의 정치적 성향을 드러내다보면 결과적으로 특정 정파를 비교적 지지하는 발언을 하는 건 불가피했을 것이다. 그렇다면, 김규항이 비판 대상으로 삼는 민주당 지지자들도 김규항을 비판할 수 있는 거리를 많이 얻을 수 있지 않았을까?

싸가지의 문제는 민주당이나 그 지지자들에게만 국한된 게 아니며, 오히려 그 원조가 좌파 진보라는 데에 눈을 돌려야 하는 게 아닐까? 노동당 당원 남종석의 다음과 같은 자기비판이 좌파 진보 진영에도 필요한 게 아닐까?

"좌파들 중에 논쟁으로 정파 싸움하면서 허송세월하는 사람들 아직도 많아요. 조금 차이 나면 싸우고 논쟁하고 상대를 기회주의자라고 규정하고. 가치를 위한 운동을 하니까 그래요. 그러면서 민주노총도 갈라졌지요.……이제 진보는 새정치민주연합 욕만 하고 사는 존재 같아요."[26]

또 정의당 당원 이광수의 이런 자기 성찰은 어떤가. "좌파들 생각이 너무 조야해요. 정략적이지도 못하고. 노무현 자유주의 세력과 같은 방향의 정치를 하는 것은 2중대고, 사회경제적인 부분에서 그들과 차별화하는 것이 좌파라는 자기 잘난 체에 빠져 있어요. 그런 논리로 따지면, 국가보안법 폐지를 주장하는 진보 진영도 결국 보수 야당의 2중대네요."[27]

정의당 당원 이창우의 성찰도 감동적이다. "진보에 대한 사회적 요구는 존재하는데, 정작 원조 진보정당들은 전멸했습니다. 이것은 마치 유권자들이 진보에 의지하려고 하면서도 진보정당에게 '너희가 제대로 된 진보냐?'고 되묻는 것과 같아요. 과격하기만 한 진보, 자기 잘난 맛에 사는 진보가 아니라 혁명보다 어렵다는 개혁을 책임 있게 추진할 수 있는 진보를 원하는 겁니다. 진보정당이 분열과 반목을 일삼으면서 국민들 눈에 함량 미달로 보이는 거죠."[28]

통합진보당의 분열을 막아보려고 대표로 나섰던 강기갑은 2012년 9월 역부족으로 물러나 정계를 은퇴하면서 이런 말을 남겼

---

26. 이광수 · 남종석 · 이창우 · 최희철, 『위기의 진보정당 무엇을 할 것인가: 부산지역 진보정당 평당원 4인의 작은 목소리』(앨피, 2014), 70~71쪽 · 209쪽.
27. 이광수 · 남종석 · 이창우 · 최희철, 『위기의 진보정당 무엇을 할 것인가: 부산지역 진보정당 평당원 4인의 작은 목소리』(앨피, 2014), 94쪽.
28. 이광수 · 남종석 · 이창우 · 최희철, 『위기의 진보정당 무엇을 할 것인가: 부산지역 진보정당 평당원 4인의 작은 목소리』(앨피, 2014), 221~222쪽.

다. "진보라는 본질의 항아리를 끌어안고 그들만의 논쟁과 다툼으로 아까운 세월 보내는 진보, 자기주장만 하는 강직성과 진보라는 우월성에 갇혀 대중성과 민심에 다가가지 못하는 진보는 이 시대적 요구와 국민적 갈망을 채워줄 수 없습니다."[29]

그렇다. 스스로 잘난 척하는 우월감이 문제다. 우월감이야말로 '싸가지 없는 진보'의 동력이다. 2000년 민주노동당 창당 때 입당한 열성당원이기도 했던 영화감독 박찬욱은 2003년 『월간 말』 인터뷰에서 진보 진영에 대한 쓴소리를 주문하는 기자에게 긴 시간 침묵을 지키더니 다음과 같은 이야기를 조심스럽게 꺼낸 적이 있다.

"가치관이나 세계관이 혼란스럽기는 예전이나 지금이나 마찬가지다. 그 혼란이 점점 더한 건 과거 사악한 집단으로 여겼던 자본가나 기득권층이 직접 만나보면 상당히 젠틀하고 착한 사람들이라는 것을 느낄 때다. 화가 나서 미치겠다. 문제는 지금 그들이 창업자나 자수성가한 사람들이 아니라 2세들이라는 점이다. 그들은 꼬인 게 없는 자들이다. 그래서 착하다. 그러니까 더 화가 나는 거다. 예전엔 못 가지고 무식한 사람들이 착하다고 생각했는데 이젠 그렇지도 않다는 것. 빈부의 격차가 인격이나 인성마저도 그렇게 비틀고 있다. 어떻게 이 세상을 바라봐야 할지 참 답답하다. 『말』지를 보면 운동권 내부에도 참 비리와 문제가 많은 것 같고⋯⋯참으로 진실이 뭔

29. 김욱, 『정치는 역사를 이길 수 없다: 박근혜 · 문재인의 사과가 말해주는 것들』(개마고원, 2013), 111쪽.

지 혼란스럽다."[30]

　　많은 경우 일부 운동권의 '꼬임'은 도덕적 우월감과 독선에서 비롯된다. 그런 기질은 발생론적으론 타당한데, 현실은 늘 발생론적 기원을 배반한다. 이타적인 정의감 하나로 운동에 뛰어든 것은 숭고하지만, 오랜 세월 고난과 시련을 겪다보면 이타적인 정의감을 압도하는 다른 부정적 행태가 나타날 수 있다는 것이다. 과거는 아무리 감안된다 해도 제값을 다 못 받는 법이다. 숭고한 동기로 시작한 일이라도 사람들은 그런 과거보다는 현재 보이는 부정적 행태에 주목한다는 것이다. '현재'의 압도적 우위 앞에서 과거에 대해 '쿨'해질 필요가 바로 여기에 있다. 그렇지만 그게 영 뜻대로 안 되는 걸 어이하랴. 안타깝고도 가슴 아픈 일이다.

'싸가지 없는 진보'는
단기적으론 '남는 장사'

　　　　　　　왜 '싸가지 없는 진보'는 치유하기 힘들까? 좌우를 막론하고 정치에서 소통을 어렵게 만드는 건 늘 순수주의자들purists이다.[31] 이들은 가능성을 추구하는 정치를 이상을

---

30. 이오성, 「모순투성이 세상을 그대로 보여주고 싶다: 영화감독 박찬욱」, 「월간 말」, 2003년 2월, 167쪽.

추구하는 종교처럼 대하기 때문에 타협을 거부하는 강경파로 활약하기 마련이다.[32] 어느 집단에서든 이런 강경파는 소수이지만 지배력을 행사한다. 강경파와 강경파 지지자들의 강점은 뜨거운 정열이기 때문이다.

일반 유권자들에게 선거일에 투표만 하는 것도 정치참여지만, 그건 가장 낮은 단계의 참여다. 생업을 잠시 중단해 가면서까지 자신이 지지하는 정치인이나 정치세력에 자금을 지원하고 모든 관련 정치집회나 시위에 열심히 뛰어드는 참여를 생각해보자. 이런 높은 단계의 참여를 하는 이들은 '일당백'이다. 한 사람이 겨우 투표나 하는 유권자 100명 아니 그 이상의 몫을 해낸다는 것이다. 따라서 머릿수로 따질 일이 아니다. 정당, 지지자 모임 등 어느 조직에서든 강경파가 머릿수 이상의 영향력을 행사할 수 있는 결정적 이유다.

정치인의 선발 과정에서 이런 '초기 효과'는 매우 중요한 의미를 갖는다. 열성적인 지지자를 많이 거느린 후보들만이 경쟁의 무대에 오를 수 있다는 걸 의미하기 때문이다. 선거가 진행되면서 초기의 열성적 지지자들은 소수가 되지만, 그들이 초기에 구축한 '파워베이스'는 이후에도 지속적인 영향력을 갖기 마련이다. 그런 베이스에서 거절당하면 아예 출사표를 던질 기회조차 갖지 못하기 때문에

---

31. Morris P. Fiorina et al., 『Culture War?: The Myth of a Polarized America』, 3rd ed.(New York: Longman, 2011), pp.188~192.
32. David Horowitz, 『The Art of Political War and Other Radical Pursuits』(Dallas: Spence Publishing Co., 2000), p.47.

정치인들은 '당파성 전사'로 나서야 한다는 걸 온몸으로 느끼고 있는 셈이다.[33] 그래서 미국에선 예비선거 시스템이 정치적 양극화를 악화시킨다는 우려가 제기되고 있다.[34]

온라인에서 나타나는 '초기 효과'를 가리켜 '1퍼센트 법칙one percent rule'이라고도 한다. 이 법칙은 2006년 벤 매코널Ben McConnell과 재키 휴바Jackie Huba가 「1퍼센트 법칙: 시민참여의 양상The 1% Rule: Charting Citizen Participation」이라는 논문에서 제기한 것으로, 웹사이트의 콘텐츠 창출자는 전체 이용자의 1퍼센트라는 법칙이다. 새로운 콘텐츠 창출자는 1퍼센트, 댓글 등을 달아 코멘트를 하는 이용자는 9퍼센트, 단순 이용자는 90퍼센트라는 이유로 '90-9-1 법칙'이라고도 한다. 또 인터넷 접속의 99퍼센트는 1퍼센트도 안 되는 사이트에서 이루어지며, 책 판매의 99퍼센트는 1퍼센트도 안 되는 저자의 저서에서 나온다.[35]

한국은 2014년 1~3월 기준 네이버에서 댓글을 작성하는 회원이 하루 평균 약 11만 5,000명이다. 네이버 전체 회원이 3,800만 명이라는 점을 감안하면 산술적으로 0.3퍼센트에 해당하는 회원만이

33. Ronald Brownstein, 『The Second Civil War: How Extreme Partisanship Has Paralyzed Washington and Polarized America』(New York: Penguin Books, 2007), pp.377~378.
34. John F. Bibby & Brian F. Schaffner, 『Politics, Parties, Elections in America』, 6th ed.(Boston, MA: Thompson Wadsworth, 2008), pp.157~158.
35. 「1% rule(Internet culture)」, 『Wikipedia』; 나심 니컬러스 탈레브(Nassim Nicholas Taleb), 안세민 옮김, 『안티프래질: 불확실성과 충격을 성장으로 이끄는 힘』(와이즈베리, 2012/2013), 472쪽; 제프 자비스(Jeff Jarvis), 이진원 옮김, 『구글노믹스: 미래경제는 구글 방식이 지배한다』(21세기북스, 2009/2010), 104쪽.

댓글을 다는 것이다.[36]

2005년 여당인 열린우리당이 심각한 내분 사태를 겪고 있을 때, "여당 여론을 주도하는 당원들은 전체의 1%도 안 된다. 침묵하는 다수의 목소리는 묻혀 있다"는 주장이 제기되었다. 당시 열린우리당에선 당원 게시판에 시도 때도 없이 글을 올리는 열성 당원을 '당게파' 혹은 '당게낭인浪人'이라고 불렀는데, 당 관계자는 "140여 명에 불과한 당게파가 사실상 당 분위기를 주도한다"고 했다. 한 중진 의원은 "여당 의원 146명이 네티즌 당원 140여 명을 당하지 못하고 끌려가는 꼴"이라고 했다.[37]

민주당에서는 집단지도체제가 '초기 효과'의 문제를 악화시키고 있다. 두문정치전략연구소 소장 이철희는 "집단지도체제는 리더의 역할, 리더십의 기능을 사실상 부정하는 것이다. 권한을 주지 않으니 리더가 성장할 수 없고, 그 결과 리더십을 펼칠 수 없으니 주요한 의사결정은 소수, 마크 트웨인의 표현을 빌리자면 '소수의 시끄러운 무리들loud little handful'에 의해 좌우된다"며 다음과 같이 말한다.

"요컨대, 시끄러운 소수의 목소리에 의해 리더십은 위축될 수밖에 없다. 야권이나 진보 진영의 공론권을 장악한 이들은 강한 결집력과 기동성으로 친노 프레임을 떠받쳤다. 따라서 민주당이 소모적

---

36. 윤진호 외, 「네티즌 0.3%가 '막장 댓글'…여론 왜곡」, 『매일경제』, 2014년 3월 26일.
37. 배성규, 「"당게파 140명이 야당 흔들어": 중진들 "더 이상 못 참아" 대응모임 추진」, 『조선일보』, 2005년 5월 18일, A6면.

계파 대립의 구도, 즉 계파주의에서 벗어나려면 당의 지도체제를 바로 세워야 한다. 단일지도체제를 구축해야 한다. 권한을 갖고 힘 있게 끌어가도록 보장해야 한다."[38]

일반적으로 말하자면, '싸가지 없는 진보'는 진보 전체를 위해선 반드시 극복해야 할 현상이지만, 진보의 내부 헤게모니 쟁탈을 위해선 가장 강력하고 효율적인 정치 양식이다. 좋건 나쁘건 정치의 동력은 증오다. 싸가지 없는 언행은 한 정당 내에서도 나와 우리 편의 승리에 도움이 안 되는 사람들을 향한 것이지, 우리 편을 향한 게 아니다. 반대편에 대한 싸가지 없는 언행은 지지자들을 열광시키는 동시에 단합의 대열로 이끌 수 있다.

사정이 이와 같은바, '싸가지 없는 진보'는 단기적으론 속된 말로 '남는 장사'다. 담론의 시장 논리가 그렇게 되어 있다. 단기적으로 '남는 장사'에 대한 집착, 이게 바로 진보가 '싸가지 없는 진보'라는 굴레에서 탈출하지 못하는 가장 큰 이유다. '남는 장사'를 하겠다는 의도조차 없이 '싸가지 없는 진보'가 하나의 행동 양식으로 굳어져 버린 탓도 있겠지만, 이 또한 바꾸기 어렵다는 점에선 마찬가지다.

싸가지 있게 말하려고 애를 쓰긴 했지만, 나의 이런 주장은 '진보의 진보 비판'에 속한다. 그런데 진보의 진보 비판을 '비겁함' 또

---

38. 이철희, 「계파주의에 닫힌 민주당, 회생가능한가?」, 이창곤·한귀영 엮음, 『18 그리고 19: 18대 대선으로 본 진보개혁의 성찰과 길』(도서출판 밈, 2013), 151쪽.

는 '무지' 때문이라고 말하는 사람이 많다. 진보를 비판할 시간과 정성이 있으면, 그걸 보수 비판에 돌리라는 주장이다. 이 주장은 얼마나 타당한지 제2장에서 살펴보기로 하자.

제 2 장

진보의 진보 비판은
'비겁함' 또는 '무지' 때문인가?

싸가지 있는 비판을 위하여

왜 '악마의 변호인'이
필요한가?

16세기에 로마 교황청은 성인을 승인하는 시성식諡聖式에 앞서 찬반 토론을 벌이도록 했는데, 찬성하는 쪽은 '신의 변호인God's Advocate', 반대하는 쪽은 '악마의 변호인Devil's Advocate'이라 했다. '악마의 변호인'은 교황청에 의해 임명된 역할이기에 자신의 진심과는 무관하게 반대 의견을 제출해야만 했다. 이는 1587년 교황 식스투스 5세가 시작한 제도로 1983년 교황 요한 바오로 2세에 의해 공식 폐지될 때까지 약 400년간 사용되었다.

영국 철학자 존 스튜어트 밀John Stuart Mill, 1806~1873은 1859년에 출간한 『자유론On Liberty』에서 그 취지에 대해 "인간으로서 최고의 경지에 이른 성인이라 하더라도, 악마가 그에게 할 수 있는 온갖 험담이 혹시 일말의 진실을 담고 있는 것은 아닌지 따져보기 전에는 그런 영광된 칭송을 받을 수 없다는 것이다"고 말했다.[1]

일부 기업들은 '악마의 변호인' 제도를 주요 의사결정 과정에

도입한다. 피터 드러커Peter F. Drucker, 1909~2005는 반대 의견의 필요성에 대해 이렇게 말한다. "경영자는 칭찬을 받으면 좋은 결정을 내리지 못한다. 오히려 상반된 의견을 듣고 토론을 나누고 여러 대안을 모두 고려해야 제대로 결정을 내릴 수 있다. 의사결정의 첫 번째 규칙은 반대 의견이 없으면 결정을 내려서는 안 된다는 것이다."[2]

드러커의 이런 원칙을 지키지 않아 망한 회사가 많은데, 그 대표적 사례로는 지금은 파산해 사라진 미국 은행 리먼브라더스Lehman Brothers를 들 수 있다. 이 은행에는 반대 의견을 입 밖으로 냈다간 경력 단절을 면치 못한다는 분위기가 있었다고 한다. 영국 경제학자 노리나 허츠Noreena Hertz는 그런 문제를 극복하기 위해 그 어떤 불이익도 당하지 않으면서 상관에게 이의를 제기할 수 있는 '악마의 변호인', 즉 '최고 이의 제기자Challenger in Chief'와 같은 역할의 제도화가 필요하다고 역설한다.[3]

'악마의 변호인' 제도가 무조건 좋은 것만은 아니다. 악마의 변호인이 존재함으로써 오히려 건전하고 의미 있는 토론이 어려워질 가능성이 있다는 반론이 있다. 또 악마의 변호인이라는 존재로 인해 여러 의견을 다 들어보고 결정했다는 안도감과 믿음을 집단에 심어

1. 존 스튜어트 밀, 서병훈 옮김, 『자유론』(책세상, 1859/2005), 49쪽.
2. 춘카 무이(Chunka Mui)·폴 캐럴(Paul B. Carroll), 이진원 옮김, 『똑똑한 기업을 한순간에 무너뜨린 위험한 전략』(흐름출판, 2008/2009), 317쪽.
3. 노리나 허츠(Noreena Hertz), 이은경 옮김, 『누가 내 생각을 움직이는가: 일상을 지배하는 교묘한 선택의 함정들』(비즈니스북스, 2013/2014), 54쪽.

2.
진보의 진보 비판은 '비겁함'
또는 '무지' 때문인가?

주는 역효과를 초래할 수 있다는 반론도 있다. 비판적 의견을 굳이 내놓지 않으려는 다른 구성원들에게 "악마의 변호인이 이번 계약을 철저히 검토할 텐데 내가 신경 쓸 필요가 뭐 있어"라는 식으로 변명 거리를 제공할 수 있다는 것이다.[4]

교황 요한 바오로 2세가 '악마의 변호인' 제도를 폐지한 것도 그런 이유 때문이었는지는 모르겠지만, 폐지 이후 어떤 변화가 생겼을까? 폐지 이후 성인의 반열에 오른 사람은 500명인데, 매년 성인이 되는 사람들의 비율은 20세기 초와 비교하면 20배 정도 높아졌다고 한다.[5] 즉, '악마의 변호인' 제도가 사라지면서 성인이 양산된 것이다.

어떤 게 더 좋은 건지는 교황청이 판단할 일이지만, '악마의 변호인' 제도가 좋은 의미에서든 나쁜 의미에서든 오류의 가능성에 대한 제어 효과를 갖고 있다는 것은 분명하다. 어느 조직에서든 '악마의 변호인' 제도 못지않게 중요한 것은 조직 성원의 다양성이다. 다양성이 부족하고 동질적인 조직일수록 집단사고groupthink의 함정에 빠지기 쉽기 때문이다.[6]

---

4. 유정식, 『착각하는 CEO: 직관의 오류를 깨뜨리는 심리의 모든 것』(알에이치코리아, 2013), 130~131쪽; 로버트 치알디니(Robert Cialdini), 윤미나 옮김, 『설득의 심리학 2』(21세기북스, 2007/2008), 158~159쪽; 칩 히스(Chip Heath)·댄 히스(Dan Heath), 안진환 옮김, 『자신있게 결정하라: 불확실함에 맞서는 생각의 프로세스』(웅진지식하우스, 2013), 142쪽.
5. 춘카 무이(Chunka Mui)·폴 캐럴(Paul B. Carroll), 이진원 옮김, 『똑똑한 기업을 한순간에 무너뜨린 위험한 전략』(흐름출판, 2008/2009), 317쪽.
6. '집단사고(groupthink)'는 미국 예일대학의 심리학자인 어빙 재니스(Irving Janis, 1918~1990)가 1972년에 출간한 『집단사고의 희생자들(Victims of Groupthink)』에서 어떻게 자타가 인정하는 우수한 두뇌집단이 잘못된 결정을 내릴 수 있는지에 관한 문제를 연구하면서 제시한 개념이다. 재니스는

김어준·조기숙·
강기석의 반反비판

한국에서 '악마의 변호인' 제도가 절실히 필요한 분야는 기업과 더불어 정치권이 아닐까? 역대 대통령들에겐 '악마의 변호인'이 있었던가? 대통령들의 퇴임 후에 나온 관련 인사들의 각종 증언을 종합해보건대, 우리 풍토에선 그게 존재하기 어렵다. 대통령의 '심기 경호'를 해야 할 필요성 때문에 대통령이 듣기 싫어할 말을 아예 하지 않는 것이 절대적 관행으로 통용되고 있다.

정당들도 다를 게 없다. 내부 비판은 금기시되거나 정략의 수단으로만 이용되고 있으며, 그런 풍토와 인식이 고착되다 보니 의미 있는 '악마의 변호인' 역할이 설 땅이 없어져버리고 말았다. 특정 정당의 지지자들조차 내부 비판을 금기시하는 건 물론이고 내부 비판의 목소리를 내는 사람들에게 적대적인 자세를 취하고 있다. 이른바 '진보의 진보 비판'에 대해 적대적인 것이다. 이와 관련, 2011년

'집단사고'를 "응집력이 강한 집단의 성원들이 어떤 현실적인 판단을 내릴 때 만장일치를 이루려고 하는 사고의 경향"이라고 정의했다. 쉽게 말하자면, 낙관론에 집단적으로 눈이 멀어버리는 현상이다. "정책 결정, 집단 내부의 구성원들 사이에 호감과 단결심이 크면 클수록, 독립적인 비판적 사고가 집단사고에 의해 대체될 위험성도 그만큼 커지게 된다. 그리고 이러한 집단사고는 집단 외부를 향한 비합리적이고 비인간적인 행동을 취하게 만든다." 어느 조직에서든 조직의 우두머리에겐 신체를 보호하는 보디가드뿐만 아니라 심기를 보호하는 마인드가드(mindguard)가 있기 마련인데, 재니스는 바로 이런 마인드가드가 지도자로 하여금 잘못된 결정을 내리고 그걸 밀어붙이게 만드는 주요 이유가 된다고 지적했다. Irving L. Janis, 『Groupthink: Psychological Studies of Policy Decisions and Fiascoes』, 2nd ed.(Boston, Mass.: Houghton Mifflin Co., 1982), p.41; 패멀라 슈메이커(Pamela J. Shoemaker), 최재완·하봉준 옮김, 『게이트키핑』(남도, 1993), 68~69쪽; 김우룡 엮음, 『커뮤니케이션 기본이론』(나남, 1992), 102~103쪽.

8~10월 진보 진영에서 뜨거운 논쟁을 불러일으킨 '곽노현 사건'이 좋은 사례 연구가 될 수 있겠다.[7]

당시 『딴지일보』 총수 김어준은 진보 진영 일각의 곽노현 비판과 관련해 다음과 같이 주장했다.

"제가 『딴지일보』를 무려 14년간 해오면서 수많은 진보적 글쟁이들, 혹은 진보 인사들을 만났기 때문에 그분들의 심리를 잘 압니다. 어떤 심리가 있냐면 '나는 같은 편도 비판할 만큼 공정하다, 합리적이다' 이런 말을 하고 싶은 거예요. 그래서 뭔가 잘못이 나오면 진보 매체, 가장 진보적인 진영이 먼저 공격을 해요. 이런 심리를 더 들여다보면 사실은 굉장히 비겁한 겁니다. 도망가는 거예요. 같은 편이라고 편들어줬다는 소리 들으면 어떻게 하지? 편들어줬다가 뭐가 나오면 어쩌지? 그러니까 교과서에 나오는 원론을 이야기하는 거죠. 에이, 씨바. 그런 말은 누가 못해."[8]

이화여자대학교 국제학과 교수 조기숙은 다음과 같이 주장했다.

7. '곽노현 사건'은 당시 서울시 교육감 곽노현의 후보매수 의혹사건을 말한다. 2011년 8월 28일 오후 4시 30분경 곽노현은 기자회견을 통해 2010년 서울시 교육감 후보 단일화 과정에서 후보직을 사퇴한 박명기 당시 후보(서울교육대학교 교수)에게 2억 원을 건넸다고 밝혔다. 그는 "박 교수가 서울시 교육감 선거 과정에서 (후보 사퇴 전까지) 많은 빚을 졌고, 이때 생긴 부채 때문에 경제적으로 몹시 어려운 형편에 있다고 들어 모른 척할 수만은 없었다", "박 교수가 경제적으로 몹시 궁핍해 자살까지 생각한다는 얘기를 들었다"며 2억 원이 후보 단일화와는 무관한 '선의의 지원'이라는 점을 거듭 강조했다. 이 돈이 '사후', 즉 서울시 교육감 선거 이후에 건네진 만큼 이는 대가성이 없는 것으로 봐야 한다는 논리도 폈다. 또 "진보교육감, 개혁 성향 인물이라는 이유로 항상적인 감시가 이뤄지고 있다"며 이번 사건을 '표적 수사'로 규정했다. 이 기자회견 후 보수 쪽의 맹폭격이 시작되었다는 건 두말할 나위가 없다. 그야말로 '이게 웬 횡재냐!' 하는 식으로 신바람을 냈다. 반면 진보는 곽노현을 옹호하는 쪽과 비판하는 쪽으로 양분되어 치열한 논쟁을 벌였다. 이 사건의 전말을 다룬 책으로는 함세웅 외, 『곽노현 버리기: 보수의 공격, 진영의 배반, 외로운 투쟁』(책보세, 2012)이 있다.
8. 김어준 외, 『나는 꼼수다 1』(시사IN북, 2012), 133쪽.

"소위 진보언론인과 지식인들은 이념적으로 편파적일 수밖에 없는 자신의 논평이 가능하면 공정해 보이길 바란다. 그것이 논평의 생명이라고 믿기 때문이다. 이 때문에 같은 편이 잘못하면 더 추상같이 비판함으로써 자신의 공정성을 증명하고자 한다.……진보언론이 보수언론의 프레임에 빠져드는 이유는 이들 논객이 무엇이 우리에게 유리하고 불리한지를 계산할 정치적 내공이 부족하기 때문이다. 한마디로 된장과 똥도 구분할 줄 모른다. 정당이든 언론이든 논객이든 적절한 무지는 자기애를 정당화하는 기제로 작동한다."[9]

　　또 전『경향신문』편집국장 강기석은 "왜 진보적 인사들이 때때로 곽노현 등 자기 진영 인물들의 '혐의'에 대해 오히려 조중동보다 더 가혹하게 공격하는가?"라는 물음을 던진 후 이런 답을 내놓았다.

　　"현재의 주류 근처에서 놀고 싶어 하는 적당히 진보적인 인사들은 수구언론보다 더 곽노현을 공격함으로써 자신의 도덕적 알리바이를 입증하는 한편, 진보세력의 수호자임을 내보여야 하기 때문이다."[10]

---

9. 조기숙, 「진보여, '나꼼수' 흥행에서 배워라: 진보 진영의 '곽노현 죽이기' 원인은?」, 『오마이뉴스』 2011년 9월 3일.
10. 강기석, 「진실을 질식시키는 '나쁜 언론'의 메커니즘」, 함세웅 외, 『곽노현 버리기: 보수의 공격, 진영의 배반, 외로운 투쟁』(책보세, 2012), 226쪽.

2.
진보의 진보 비판은 '비겁함'
또는 '무지' 때문인가?

"불관용을
관용할 수 있는가?"

        이상 소개한 세 가지 견해에 그 나름의 일리가 없는 건 아니겠지만, 내부 비판의 이유를 '비겁'과 '무지'와 '도덕적 알리바이 입증'으로 일축하는 건 지나친 것 같다. 정치가 '우리와 그들' 사이의 2자 싸움이라면 '무조건 우리 편 편들기'가 우리 편의 이익을 위해 도움이 될 수도 있겠지만, 정치는 '우리와 그들'이 아닌 제3의 관전자(유권자)들이 심판을 내리는 게임이 아닌가. 물론 선거를 염두에 둔 사고방식이 문제라는 지적도 있었지만, 상식에 반하는 개인의 진실에 대한 섬세한 배려가 우리 편이 아닌 반대편 사람을 위해서도 발휘되었을까 하는 점도 고려해보는 게 공정할 것 같다.

    진심이 아니더라도 자신에게 맡겨진 제도적 역할 때문에 비판을 하는 '악마의 변호인'조차 불편하게 생각하는 사람들에게 진심에서 비롯된 내부 비판은 더욱 용납하기 어려운 것인지도 모르겠다. 내부 비판에도 명암明暗이 있겠지만, 우리가 역사를 통해 배운 교훈은 분명하다. 그 어떤 위대한 조직이나 집단도 내부의 다른 목소리가 존재하지 않을 때에 멸망의 길을 걸었다는 교훈이다.

    진보의 진보 비판에 대한 비판은 굳이 반박할 것도 없는 자기모순이라는 점도 짚고 넘어갈 필요가 있겠다. 그건 "불관용을 관용할 수 있는가?"라는 물음에서 비롯되는 '관용의 역설paradox of tolerance'과 비슷한 문제다. 진보의 진보 비판에 대한 비판은 진보 진영 내에선 그 어떤 비판도 존재할 수 없으며 존재해선 안 된다는 논리로 귀결될 수 있는데, 그건 절대 불가능한 일이기 때문이다.

그런 원초적 모순을 감지하지 못한 걸까? 아니면 김어준과 조기숙은 노무현 정부 시절의 아픈 기억에 사로잡힌 걸까? 언젠가 『오마이뉴스』 대표 기자 오연호는 김대중·노무현 정권 시절 많은 진보적 지식인이 "두 민주정권의 한계만을 난도질하듯 냉소적으로 지적하면서 자기는 그 책임과 무관하다는 식의 태도를 보였다"고 했는데, 김어준과 조기숙은 이에 대한 기억의 연장선상에서 진보의 진보 비판을 문제 삼은 게 아니겠느냐는 것이다.

나 역시 진보의 진보 비판에 대해 강한 이의를 제기한 적이 많았기 때문에 그런 문제의식을 이해한다. 그런데 다시금 이런 문제가 제기된다. 진보의 진보 비판을 비판하는 사람은 그 어떤 주장이건 그 주장을 한 사람의 소속이 진보라는 것만 확인되면 무조건 동의하거나 동의하지 않더라도 굳게 입을 다물 것인가? 그럴 리 만무하다. 그렇다면 왜 내게 불가능한 일을 남에게 요구하는가?

따라서 진보의 진보 비판에 대해선 포괄적 원칙이나 이론으로 접근할 것이 아니라, 비판의 사안별 적합성이나 정당성을 따지는 것이 옳다. 즉, 어떤 비판이 내 마음에 안 들면 그냥 내 마음에 안 든다고 말하거나 그 이유를 자신의 입장에서 논하면 되는 것이지, 무슨 법칙을 만들겠다는 식으로 상대편의 '비겁함' 또는 '무지'를 들먹거려선 안 된다는 것이다.

진중권의 '가증스러운
이중잣대'

　　　　　　　　　　사실 진짜 문제는 내부 비판 여부가
아니다. 비판이 문제라기보다는 비판의 방식이 문제다. '싸가지 있
는 비판'이 중요하다는 뜻이다. 앞서 소개했던 세 비판은 너무 거칠
다. 비판이라기보다는 인신공격성 비난에 가깝다. 다름을 인정하는
선에서의 소통, 즉 싸가지 있는 소통이 우리에게 필요하지만, 우리는
논쟁을 '싸가지 없기 경연대회'처럼 생각하는 경향이 있다. 이 논쟁
이 나중엔 노골적인 감정싸움으로 비화된 것도 그런 이유 때문이 아
니었을까? 예컨대, 2012년 5월, 다음과 같은 일이 있었다.

　　"노무현 참여정부 시절 홍보수석비서관을 지낸 이화여대 국제
학부 조기숙 교수(@leastory)와 진중권 동양대 교수(@unheim) 사이
에 또 다시 설전이 붙었다. 16일 조 교수는 'KBS 블랙리스트에 올랐
다던 진중권을 MBC에서 자주 부르네. 진보 분열에 도움이 되나? 조
중동과 요즘 방송이 띄우는 사람은 요주의 인물인데 한겨레와 경향
도 덩달아 띄운다'고 시비를 걸었다. 이에 진 교수는 곧바로 '그 수
준으로 대변인 하셨으니 노짱이 얼마나 속상하셨겠어요?'라며 조
교수의 심기를 건드렸다. 조 교수와 진 교수는 같은 진보 진영의 논
객으로 분류되면서도 지향점이 달라 날카로운 설전을 벌인 적이 여
러 차례인데, 이를 두고 법무법인 지평지성의 파트너 변호사인 금태
섭 씨는 '소모적 팀킬'이라고 지적한 바 있다."[11]

대법원에서 징역 1년이 확정된 뒤 복역해온 곽노현이 2013년 3월 29일 오전 경기도 여주교도소에서 가석방되었을 때, 조기숙은 트위터에 이런 글을 올렸다. "곽노현 사건은 사법사의 부끄러운 여론재판으로 기록될 것이다. 진보논객의 마녀사냥이 없었다면 불가능한 판결이었다. 해당 진보논객의 반성이 없다면 역사는 반복된다." 이에 발끈한 진중권은 "당신 같은 사이비들이 진보의 생명인 '에토스' 자체를 무너뜨렸지요. 나는 보수 진영에서 그 짓 했어도 당신들이 그렇게 열렬히 옹호했을까 회의합니다"라며 "더 절망적인 것은 그 사건을 처리하는 방식이었죠. 당신들의 그 가증스러운 이중잣대"라고 직격탄을 날렸다.[12]

꼭 이렇게까지 싸워야 하는 걸까? 내부 비판을 했던 진보 논객들도 마찬가지다. 그 선두에 있었던 진중권의 '가증스러운 이중잣대'라는 표현은 지나치다. 그 누구든 우리 인간이 이중잣대에서 완전히 자유로울 수는 없기 때문에 자칫 '가증스러움'은 자신에게 돌아오는 부메랑이 될 수도 있다. 우리 인간이 그렇다. 남의 이중기준은 확연히 눈에 들어오지만, 나의 이중기준은 스스로 감지하기 어렵다. 앞서 지적했듯이, 인간은 자신의 위선에 대해 선천적으로 무지하다는 주장도 있잖은가. 나 역시 나도 모르게 이중기준을 자주 범하는 평범한 인간으로 진중권의 자신만만이 걱정스럽다. 그런 맥락

11. 「조기숙 "진중권 MBC 출연 비난"에 진중권 "노짱, 속상하셨겠다"」, 『위키트리』, 2012년 5월 16일.
12. 손병관, 「곽노현 전 교육감 출소하자…조기숙-진중권 설전」, 『오마이뉴스』, 2013년 3월 29일.

에서 진중권의 다음과 같은 비판도 지나치다는 생각이 든다.

"곽노현 교육감이 박명기 교수에게 돈을 건넸을 때만 해도, 그
것은 어디서나 있을 수 있는 한 개인의 도덕적 스캔들에 불과했다.
하지만 이마에 '진보' 딱지 붙인 수많은 교수와 논객들이 곽 교육감
을 옹호한답시고 저마다 궤변을 늘어놓으면서, 문제는 졸지에 진보
진영 전체의 도덕적 스캔들로 비화했다.……ㄷ그룹 총수라는 논객
은 '지식인들이 적 앞에 지레 겁을 먹어 동지를 적에게 내주는 의리
없는 짓을 했다' 며 반지식인 선동에 나섰다. 이번 사태는 황우석 ·
심형래를 옹호하다가 스타일 구긴 바 있는 그에게 명예회복의 좋은
기회를 주었다. 하긴, 곽 교육감은 앞의 두 사람과 전혀 다르지 않은
가? 곽 교육감 옹호에 쓰인 이 세 가지 어법은 새로운 게 아니다. 혹
시 집에 『네 무덤에 침을 뱉으마』라는 책이 있다면 뒤져보라. '그분
을 믿습니다', '힘이야말로 정의다', '지식인은 민중을 배반한다' 는
논리는 언젠가 이인화라는 소설가가 주장하던 것으로, 그 근원은 제
3제국의 철학자들로 거슬러 올라간다."[13]

"이마에 '진보' 딱지 붙인", "궤변", "제3제국의 철학자들" 등과
같은 표현은 자제했더라면 더 좋았을 것 같다. 건국대학교 법률전문
대학원 교수 한상희가 "검찰의 법에 예속되기를 거부하는 사람들을
두고 '제3제국의 철학자' 라고 비난한다. 참 안타깝고도 가슴 아프

---

13. 진중권, 「정의란 무엇인가」, 『한겨레』, 2011년 10월 4일.

다"고 했듯이,[14] 연상에 의한 비유라도 가려서 하는 게 좋지 않을까?

진보의 진보 비판은
진보의 숙명

진중권이 익명의 네티즌이나 실명의 지식인에게 아무런 차별을 두지 않고 비슷한 어법을 구사하는 건 '평등주의'의 발로로 긍정 평가할 수도 있겠지만, 그런 '평등주의'가 정상적인 논쟁이나 소통을 어렵게 만드는 것만큼은 분명하다. 실명 지식인에겐 좀더 정중한 자세와 어법을 요청하는 건 평등주의에 반하는 것일까?

이 설전과 관련, 『미디어오늘』은 "곽노현 사건은 앞으로도 계속 진보 진영 내의 뜨거운 감자가 될 것 같네요!"라고 했는데,[15] 아닌 게 아니라 여전히 식지 않은 '뜨거운 감자'로 남아 있다. 그런데 나는 곽노현 사건을 그 사건 자체보다는 "진보의 진보 비판을 어떻게 볼 것인가?" 하는 관점에서 보고 싶다.

나는 진보의 진보 비판은 진보의 숙명이라고 생각한다. "보수는

---

14. 한상희, 「"진중권의 곽노현 비판에 묻는다": 한상희 건국대 법률전문대학원 교수, "진중권, 당신의 정의는 무엇인가"」, 『미디어오늘』, 2011년 10월 6일.
15. 조윤호, 「곽노현 가석방 두고 조기숙-진중권 트윗 설전」, 『미디어오늘』, 2013년 3월 29일.

그렇지 않은데 진보는 왜 그 모양이냐?"는 반론은 무의미하다. 보수와 진보의 출발점이 각기 다르기 때문이다. 보수는 이익지향적인 반면, 진보는 가치지향적이다. 이익을 위해 타협하는 일이 보수보다는 진보에 어려운 이유도 여기에 있다. 보수 진영에서도 극우는 가치지향적인 성향이 농후한데, 이들 역시 보수 비판에 적극적인 것도 바로 그런 이유 때문이다.

물론 다른 분석도 가능할 것이다. 그렇다면 그런 분석을 내놓거나 그걸 전제로 해서 내부 비판을 비판해야 한다. 내부 비판의 이유를 '비겁'과 '무지'와 '도덕적 알리바이 입증'으로 보는 시각에 일리가 전혀 없는 건 아니겠지만, 그렇지 않은 많은 경우를 싸잡아 한 묶음으로 다루었다는 점에서 그건 폭력적이다.

나는 논쟁은 매우 정중하게 이루어져야 한다고 주장하는 게 아니다. 나 역시 그렇지 못했던 사람으로서 누구를 탓할 자격도 없다. 독설·야유의 가치와 효용도 인정한다. 다만 인터넷이 몰고 온 담론 환경의 변화에 대해 고민할 필요가 있다는 게 내 생각이다. 인터넷은 과거와는 차원을 전혀 달리할 정도로 광범위하고 빠른 전파력과 즉각적인 피부 반응 유발력으로 인해 이른바 '도덕 생태계moral ecology'의 변화마저 몰고 왔다.[16]

---

16. '도덕 생태계(moral ecology)'는 지역공동체 내의 사람들을 결속시키는 도덕적 이해와 실천의 네트워크를 뜻하는 개념이다. Robert N. Bellah et al., 『Habits of the Heart: Individualism and Commitment in American Life』(Berkeley: University of California Press, 1985/2008), p.335.

쉽게 말해, 이름이 제법 알려진 지식인은 자신의 어법이 자신을 지지하거나 반대하는 일반 네티즌들에게 미칠 수 있는 영향을 염두에 두어야 할 정도로 글쓰기의 성격이 달라졌다는 것을 인정해야 하지 않겠느냐는 것이다. 자신은 매우 제한된 경우에 싸가지 없는 어법을 구사한다는 원칙을 갖고 있을망정, 그 논객을 추종하는 이들은 그걸 구별하지 않거나 못한다. 누구 말마따나, 된장과 똥도 구분할 줄 모르는, 아니 의도적으로 구분하지 않으려는 멘탈리티를 확산시킬 수 있다는 뜻이다. 또 반대하는 이들은 같은 어법을 되돌려주겠다는 식으로 대응할 터인즉, 그 과정에서 일어나는 증폭 현상이 소통을 거의 불가능하게 만들 것이다.

이른바 '빠' 네티즌들이 "상대 정파에 내뱉는 경멸적 언사들은 매우 파쇼적"이라는 고종석의 개탄에 동의할 수 없는가?[17] 원래 인터넷이나 SNS는 그런 매체이니, 쿨하게 받아들여야 한다고? 그렇지 않다. 그렇게 형성된 의식과 태도는 진보 정치에 그대로 반영되기 마련이다. 같은 맥락에서 비판의 '동기 분석'도 다시 생각해볼 일이다. '동기 분석'은 충분한 근거가 수반될 때에 한해서 타당할 수 있지만, 그냥 자기 짐작을 일방적으로 내지르는 건 곤란하다. 그건 감정싸움으로 나아가자는 신호탄과 다름없다.

17. 신기주, 「세월호 참사와 '그들 안의 파시즘': 인터뷰 작가 고종석」, 『월간 인물과사상』, 제194호(2014년 6월), 28쪽.

'조중동 프레임'과
'조중동 숭배'

진보의 진보 비판을 보수언론의 프레임에 빠졌다고 몰아붙이는 것도 문제다. 이는 노무현 정부 때부터 유행한 것인데, 당시 친노 진보는 다른 진보의 노 정부 비판을 '조중동 프레임'에 빠진 걸로 비판했다. 그 전통이 지금까지 이어지고 있는 셈인데, 왜 그렇게 조중동을 과대평가하는지 모르겠다.

앞서 조기숙은 "진보언론이 보수언론의 프레임에 빠져드는 이유는 이들 논객이 무엇이 우리에게 유리하고 불리한지를 계산할 정치적 내공이 부족하기 때문이다"고 했는데, 과연 그럴까? 이런 경우를 생각해보자. 공무원의 파렴치한 부정부패에 대한 비판에서 보수와 진보의 차이는 없다. 우리는 이런 경우 진보의 비판에 대해 "보수언론의 프레임에 빠졌다"고 말하지 않는다.

이 지구가 보수언론을 중심으로 도는 것도 아닌데, 왜 모든 걸 보수언론 중심으로 이해하려 드는지 안타깝다. '조중동 프레임'을 강조하는 사람들 중엔 심지어 "무슨 일이건 조중동의 반대로 가면 맞다"라고까지 말하는 이들마저 있는데, 이 정도면 '조중동 숭배'라 부를 만하다.

물론 곽노현 사건은 성격이 다르지만, 그런 차이가 보수언론 중심의 사고를 정당화할 수는 없다. "보수언론의 프레임에 빠졌다"는 주장은 보수언론에 대해 비판적인 것 같지만, 실은 보수언론을 과대평가함으로써 오히려 보수언론에 도움을 주는 주장일 수 있다는 생각을 해보는 건 어떨까?

"보수언론의 프레임에 빠졌다"는 주장은 사실상 "보수언론은 늘 그르다"는 전제를 깔고 있는 셈인데, 이거야말로 진보의 필패必敗를 부르는 첩경이라는 게 내 생각이다. 논쟁적인 사안에 대해 보수언론이 하는 말은 늘 잘못되었거나 정략과 음모의 산물이란 말일까? 보수언론이 그렇게 어리석을까? 그런 생각은 보수언론의 힘은 과대평가하면서 보수언론의 지능은 과소평가하는 게 아닐까?

이래서 역지사지易地思之가 필요한 것이다. 반대로 물어보자. 박근혜 정부에 대한 인식과 평가에서 보수언론과 진보언론 중 어느 쪽이 사실과 진실에 더 가까울까? 진보 지식인은 '진보언론'이라고 답할 것이다. 맞다. 보수가 부정한다 해도 답은 '진보언론'이다. 왜 그런가? 진보언론은 박근혜 정부에 대해 거리두기가 가능할 뿐만 아니라 같은 편 내부에서 고려해야 할 인간관계나 이해관계에서 자유롭기 때문이다.

같은 이유로 진보에 대한 인식과 평가에서 사실과 진실에 더 가까운 인식과 평가를 하고 있는 건 진보언론이 아니라 보수언론이다. 물론 보수언론이 의도적인 '진보 죽이기'용 기사와 논평을 양산해내는 것도 분명한 사실이지만, 그런 걸 가려낼 수 있는 분별력만 있다면, 진보가 경청해야 할 것은 진보언론보다는 보수언론의 비판이다.

그런데 보수언론의 어떤 비판에 주목해서 그걸 받아들이면 그건 '조중동 프레임'에 놀아난 것이 되는가? 예컨대, 『조선일보』 2014년

8월 2일자 A3면에 실린 「2012년 이후 연전연패하는 야野: 인물·노선·체질·전략·우군友軍… '뻔한 5가지'에 발목」(김경화 기자)이라는 기사를 보자. 이 기사는 익명의 민주당 당직자들의 입을 빌려, 민주당의 '5대 뻔한' 신드롬을 제시하고 있다. 아래와 같다.

① 뻔한 인물(불로장생 원로, 꽉 틀어쥔 486, 진보의 이준석 부재), ② 뻔한 노선(아직도 반새누리당이면 모든 노선이 정당화되고 철학이 없음), ③ 뻔한 체질(계파 갈등, 노숙 및 단식 투쟁, SNS 환청·환각 현상), ④ 뻔한 전략(편 가르기, 안 되면 단일화 등), ⑤ 뻔한 우군들(야당 외곽 세력은 그들만의 언론, 학자, 시민단체들).

이 기사는 『조선일보』의 '민주당 죽이기' 음모인가? 동의할 수 없는 점도 있긴 하지만, 나는 이 기사가 대체적으로 보아 민주당의 문제들을 잘 짚었다고 생각한다. 그렇다면 나는 그런 음모에 놀아난 것인가?

안티조선 운동의
왜곡

한때 안티조선 운동을 열심히 했던 사람으로서 진보가 어쩌다 이 지경이 되었는지 안타까움을 금할 수 없다. '조중동 프레임'의 오남용은 조중동에 대한 문제의식을 정치적·정략적으로 이용하기 위한 것으로, 한국 언론발전에 오히려 역행한다는 것이 내 생각이다.

내가 안티조선 운동과 관련해 가졌던 가장 큰 문제의식은 '투표와 여론의 괴리 현상'이었다. 이는 대통령 선거 시의 투표 행위는 그어떤 시대정신이라거나 큰 정치적 바람에 의해 큰 영향을 받기 때문에 언론의 영향력에서 비교적 자유로울 수 있는 반면, 대선 후의 국정운영에 큰 영향을 미치는 일상적 여론은 언론의 영향력에 크게 의존하기 때문에 빚어지는 괴리 현상을 의미한다. 물론 이러한 괴리 현상은 한국 신문시장을 보수의 목소리가 지배하고 있다는 현실과 맞물려 있다. 쉽게 말하자면, 김대중·노무현에게 표를 던진 유권자들의 대부분도 신문은 보수신문을 구독한다는 것이다.

투표와 여론 괴리가 너무도 자연스러운 현상으로 통용되고 있기 때문에 다른 생각을 해보는 것이 어렵겠지만, 이런 가정을 한번 해보자. 보수신문의 색깔에 맞는 사람만 보수신문을 이용하고 구독함으로써 '투표와 여론의 괴리 현상'을 극복한다면 어떤 일이 일어나겠느냐는 것이다. 무엇보다도 현재 한국 사회를 지배하고 있는 '분열과 증오'가 크게 약화될 것이다. 피차 너그러워질 것이기 때문이다.

사람은 무턱대고 남의 것을 탐하진 않지만, 자신이 누려 마땅하다고 생각하는 것을 누리지 못할 땐 분노한다. 성권도 보수신문의 색깔에 맞는 사람들만 그 신문을 본다면 보수신문 탓을 하는 일은 없을 것이다. 보수신문도 자기 분수를 알고 조금은 더 겸허해질 것이다.

바꿔 말해서 신문시장이 투표결과를 대체적으로 반영하는 구조를 갖고 있다고 가정해보자. 정치 세력화되지 않은 중간파 신문들이 가장 많은 발행부수를 갖고 있고 정파지들이 그 좌우에 비슷한 규모로 자리 잡고 있는 모습을 그려보아도 좋겠다. 물론 그렇다고 해도 정쟁은 일어나겠지만, 정쟁이 극단으로 치닫거나 정쟁의 악순환이 발생하는 건 제어할 수 있을 것이다. 적어도 공정한 심판관이 있으면 싸우는 양쪽 모두 부당하다거나 억울하다는 느낌은 갖지 않을 테니까 말이다. 이건 누가 옳고 그른 문제를 떠나, 서로 다른 성향과 취향을 가진 사람들이 수긍할 수 있는, 모두를 위해 도움이 되는 일이다. 이 문제의 본질은 '과대평가'와 '과소평가'의 부작용에 있기 때문이다.

내 딴엔 이런 비전을 갖고 '조선일보 제몫 찾아주기 운동'으로 안티조선 운동을 했지만, 내가 가슴 아프게 확인한 것은 독자들의 완강한 신문구독 행태였다. 즉, 김대중·노무현의 열성 지지자일지라도 그건 그거고 일상적 삶에서 보수신문을 구독함으로써 얻을 수 있는 이익(일정 기간 무료구독, 경품, 주류의 시각과 라이프스타일, 유익한 재테크·생활정보 기사, 광고 정보와 묻혀 들어오는 전단지 등)을 포기할 뜻이 전혀 없다는 것이었다.

나는 그걸 바꾸는 게 불가능하다고 여겼고, 오히려 그런 삶의 태도를 인정해야 한다고 판단했다. 내가 안티조선 운동의 공식적인 지위를 갖고 있는 건 아니었기에 그 어떤 성명서를 발표할 수는 없는 일이었지만, 나는 이런 생각을 그간 글로 여러 차례 밝힌 바 있다.

물론 나는 여전히 바꿀 수 있다는 신념으로 안티 조중동 운동을 하는 분들의 생각은 존중하지만, 나는 이젠 '안티' 보다는 진보언론을 키우려고 애쓰는 것이 옳은 방법이라고 믿는다. 그런데 진보는 걸핏하면 진보언론에 대해 불매운동이라는 협박 카드를 꺼내들고 그걸 관철시키는 아주 못된 버릇을 갖고 있다. 진보언론의 어떤 기사나 논평이 마음에 안 들면 반론을 쓰면 될 일조차도 사과문을 싣게 한다는 것이다. 정말 '싸가지 없는 진보' 의 진면목을 보여주는 행태다.

같은 맥락에서 2012년 대선 패배 직후 진보 진영이 이른바 '기울어진 운동장' 이라는 변명을 내놓은 것도 문제가 있다. 운동장이 진보세력에 불리하게 기울어져 있기 때문에 공을 차는 선수로서는 상대편을 이기기가 어렵다는 것이다. 그렇다면 과거 두 번의 정권 창출은 어떻게 할 수 있었단 말일까? 이런 변명은 엄격한 자기 성찰을 방해할 뿐만 아니라 이른바 '자기 열등화 전략self-handicapping strategy' 의 일상화를 초래할 수 있다는 점에서 위험하다.[18] '기울어진 운동장론' 은 쓰레기통에 버리고 자기성찰과 개혁을 위해 애쓰는 게 좋지 않을까?

18. '자기 열등화 전략' 은 자신의 자존심을 유지하기 위해 실패니 괴오에 대한 자기 정당화 구실을 찾아내는 걸 말한다. 자기 열등화 전략은 남들이 우리의 성과를 평가하려는 기준에 영향을 줌으로써 그들이 우리에게서 받는 인상을 관리하려는 수법이다. 즉 자기가 어떤 일을 하는 데 불리하게 작용하는 여건(핸디캡) 쪽으로 상대방의 주의를 이끌어서, 나중에 혹시 실패했을 경우 상대방이 그 실패를 가볍게 보도록 유도하는 것인데, 실패하면 얼마든지 이해할 수 있는 일이 되고 성공하면 훨씬 더 높은 평가를 받을 수 있다. 토머스 길로비치(Thomas Gilovich), 이양원·장근영 옮김, 『인간 그 속기 쉬운 동물: 미신과 속설은 어떻게 생기나』(모멘토, 1991/2008), 222~223쪽; 「Self-handicapping」, 「Wikipedia」.

'진보=도덕'은
'개 풀 뜯어먹는 소리'인가?

진보의 진보 비판과 관련, 동아대학교 생활체육학과 교수 정희준은 그런 비판이 안고 있는 '도덕성 프레임'을 문제 삼는다. 이는 '보수언론 프레임'을 비판하는 것보다는 진일보한 것이긴 하지만, '도덕성 프레임'이 그 타당성 여부를 불문하고 현실정치를 인정하는 입장에서 전면부정해도 좋을 성격의 것인지에 대해선 의문이 든다.

정희준은 「도덕성, 보수에게 던져버려라」라는 칼럼에서 "도덕성은 원래 보수의 덕목이다. 도덕이란 당연히 기존 가치들의 결집이고 보수의 이데올로기이다. 사실 진보는 도덕적일 수 없다. 진보가 무엇인가. 변화다. 기존의 사고와 행동의 틀에서 자유로워야 할 뿐 아니라 도전하고 저항하기도 한다. '진보=도덕성'이라는 공식은 한마디로 논리모순이다"며 다음과 같이 말한다.

"진보는 도덕성일랑 보수에게 던져버려라. 진보라고 해서 '도덕DNA'가 더 많은 것도 아니고 또 사람 상대하고 조직을 꾸리게 되면 한 점 부끄럼이 없기란 불가능하다. '도덕성 프레임'에 스스로 갇히는 진보를 보며 보수는 웃는다. 그들을 보라. 돈도 많고 '자연산' 찾아 멋지게 술 마시고 혹 실수를 해도 '죄 없는 자가 돌을 던져라' 하며 당당하게 빠져나가지 않는가. 진보는 능력으로 승부해라. 능력 있지 않나. 진보적 시민단체 젊은 활동가들은 웬만한 교수보다 훌륭

하지 않은가. 정책 만들기도 바빠 죽겠는데 왜 '도덕성을 지키기 위한 치열한 노력'까지 해야 하나. '도덕성 타령'은 진보의 확장에도 방해된다. 가난하고 도덕성만 외치는 데 젊은이들이 관심을 갖겠나. 진보가 도덕성을 내세울수록 보수는 부패해도 된다는 잘못된 메시지만 뿌려대는 꼴이다. 왜 보수의 십자가를 대신 지고 낑낑대는가."[19]

또 정희준은 「진보=도덕, 개 풀 뜯어먹는 소리는 이제 그만!」이라는 칼럼에선 다음과 같이 주장한다.

"젊은이들이 열광하는 사람은 도덕적인 사람이 아니라 성공한 사람이다. 안철수, 손석희, 김제동, 박경철 모두 자기 분야에서 성공한 사람들이다. 그리고 젊은이들에겐 성공한 사람이 곧 떳떳한 사람인 것이다. 이제 '도덕성이 유일한 무기'인 진보와는 안녕을 고해야 한다. 성공한 진보, 부자 진보가 나와야 하고 전문인 진보가 많아져야 한다. '식스팩복근' 진보도 나와야 하고 '까도녀' 진보, '섹시한' 진보도 나와야 한다. 노동자가 부자가 되는 세상도 어서 와야 한다. 강남좌파를 까칠하게 보는 진보, 유일한 무기가 도덕성이라는 진보. 나는 그런 진보 안 하련다."[20]

나는 정희준의 선의와 충정은 십분 이해한다. 나 역시 진보가 늘 도덕성의 굴레 때문에 부당한 피해를 본다고 생각해온 사람이기

---

19. 정희준, 「도덕성, 보수에게 던져버려라」, 『경향신문』, 2011년 9월 5일.
20. 정희준, 「진보=도덕, 개 풀 뜯어먹는 소리는 이제 그만!: 진보, '도덕' 따위는 내다버리자」, 『오마이뉴스』, 2011년 9월 5일.

에 '개 풀 뜯어먹는 소리'라는 짜증에까지 공감한다.[21] 그렇지만 정희준의 주장은 그다음 이야기가 없다는 점에서 무책임하다는 생각이 든다. 어떤 다음 이야기가 있어야 하는가? 진보에 엄격한 도덕의 잣대를 들이대는 대중의 인식을 어떻게 바꿀 것인가? 이 물음에 대한 답이 있을 때, 정희준의 주장은 완결될 수 있다. 그런데 정희준은 그에 대해선 아무런 말도 없이, 그냥 도덕성을 보수에 던져버리자고만 한다. 보수가 그걸 받겠다고 했나? 받든 안 받든, 그렇게 던져버리고 나면, 대중은 진보를 도덕이 아닌 다른 기준으로 평가하기라도 한단 말인가?

강남좌파의 '가용성 편향'

'도덕성 프레임'은 진보가 원해서 스스로 갇히는 게 아니다. 오히려 강요당하고 있다고 보는 게 옳다. 그러한 강요

---

21. 정희준의 표현이 거칠어서 그렇지, 도덕이 진보의 발목을 잡을 수 있다는 주장에 공감하지 않을 사람이 누가 있으랴. 김만권은 비교적 부드러운 어조로 그런 문제를 이렇게 지적한다. "원칙적 차원에서 보자면 도덕은 진보를 규정할 수 있는 요소가 아니다.……부도덕해서 보수나 우파가 되는 것은 아니다. 보수와 우파에도 도덕적인 사람들은 있다. 그렇다면 이런 사람들은 진보인가? 현실적으로 보자면, 도덕성으로 진보를 규정할수록 정치세계에서 진보가 져야 하는 부담만 늘어날 뿐이다.……이 말은 진보가 도덕성에 관심을 두지 말아야 한다는 뜻이 아니라 도덕성이 진보의 독특한 정체성을 규정하는 핵심요소도 아닐 뿐더러 그럴 필요도 없다는 뜻이다." 김만권, 『정치가 떠난 자리』(그린비, 2013), 100~101쪽.

가 부당하다는 데엔 얼마든지 동의할 수 있지만, 우리가 '투표 민주주의'를 받아들인 이상 그 부당함은 감내할 수밖에 없는 숙명이라는 데에 눈을 돌려야 하는 게 아닐까? 정희준이 기존 정치학 개론서를 완전히 뒤엎는 개론서를 다시 쓰겠다면 할 말은 없지만, 그게 아니라면 미국 정치학자 엘머 E. 샤츠슈나이더Elmer Eric Schattschneider, 1892~1971의 다음과 같은 고전적 진술의 의미를 되새겨보아야 하는 게 아닐까?

"모든 싸움은 두 부분으로 이루어져 있다. 하나는 싸움의 중심에 적극적으로 가담하는 소수의 개인들이고, 다른 하나는 어쩔 수 없이 그 광경 속으로 끌려들어가는 구경꾼들이다.……구경꾼은 일반적으로 소수의 싸움꾼들보다 몇백 배나 많기 때문에 놀랄 만한 잠재력을 가지고 있다.……따라서 어떤 갈등이든 그것을 이해하려면 싸움꾼과 구경꾼의 관계를 늘 염두에 두어야 한다. 왜냐하면 싸움의 결과를 결정하는 일은 대개 구경꾼들의 몫이기 때문이다."[22]

강남좌파를 까칠하게 보는 것만 해도 그렇다. 이성적으론 강남좌파는 좌파의 든든한 자산이지만, 구경꾼 대중의 감정을 놓고 보면 꼭 그렇지만은 않다는 점을 고려하는 것도 정치의 소임이 아닐까?

---

22. 엘머 E. 샤츠슈나이더(Elmer Eric Schattschneider), 이철희 옮김, 『민주주의의 정치적 기초』(페이퍼로드, 1964/2010), 135쪽. 샤츠슈나이더를 오늘의 상황에 맞지 않는 낡은 이론가로 보는 견해가 적지 않다. 그런 주장의 상당 부분엔 동의하지만, 상당 부분은 '당위'와 '현실'을 구분하지 않는 데에서 비롯된 과잉 반응이라는 게 내 생각이다. 대중의 정치적 지식·정보·관심 수준이 매우 낮다는 현실을 지적하면서 그에 따른 이론을 전개한다고 해서 대중을 무시하는 엘리트주의자라고 할 수 있을까? 설사 엘리트주의자라 한들, 현실과는 거리가 먼, 대중에 대한 과대평가 또는 아첨과 그에 따른 비전 제시보다는 차라리 그런 냉철한 현실 인식이 정치 발전엔 더 도움이 되는 게 아닐까?

2.
진보의 진보 비판은 '비겁함'
또는 '무지' 때문인가?

강남좌파가 싸가지 문제와 관련이 있다는 점도 주목을 요한다.

미국에서 지난 수십 년간 가난한 사람들마저 공화당에 표를 던진 이유에 대해 『뉴욕타임스』 칼럼니스트 니컬러스 크리스토프 Nicholas Kristof는 2004년 '민주당의 여피화the yuppication of the Democratic Party'를 지적한 바 있다.[23] 같은 맥락에서 노동운동가 앤디 스턴Andy Stern은 민주당 정치인들의 전형적 이미지를 "볼보자동차를 몰고 다니고, 비싼 커피를 홀짝이고, 고급 포도주를 마시고, 동북부에 살고, 하버드대학이나 예일대학을 나온 리버럴"로 규정한다.[24]

그러나 오히려 그렇기 때문에 미국 민주당 정치인들은 수사적 진보성을 전투적으로 드러내면서 사회문화적 이슈에만 집중할 뿐 빈부격차 해소 문제엔 소홀하거나 무능하다. 더욱 중요한 것은 이들이 자신들의 존재 가치를 높이기 위해 정치적 양극화political polarization 노선을 선호하고 있다는 점이다. 이는 공화당 정치인들에게도 마찬가지인데, 그 결과 미국이 '두 개의 아메리카the Two Americas'로 갈라졌다는 말이 나올 정도로 미국은 극렬한 당파싸움에 국력을 탕진하고 있다.[25]

한국의 강남좌파도 비슷한 양상을 보이고 있는 건 아닐까? 강남

23. Andrew Gelman et al., 『Red State, Blue State, Rich State, Poor State: Why Americans Vote the Way They Do』(Princeton, NJ: Princeton University Press, 2008), p.24.
24. Andrew Gelman et al., 『Red State, Blue State, Rich State, Poor State: Why Americans Vote the Way They Do』(Princeton, NJ: Princeton University Press, 2008), p.145.
25. Stanley B. Greenberg, 『The Two Americas: Our Current Political Deadlock and How to Break It』(New York: Thomas Dunne Books, 2005).

좌파가 입으로는 보통 사람들을 생각하는 것처럼 말하지만, 그들의 의도와는 무관하게 주변 환경이 그들에게 미치는 영향, 즉 '가용성 편향availability bias'이 문제일 수 있다는 것이다.[26]

가용성 편향은 우리말로 "노는 물이 어떻다"는 식의 표현을 원용하자면, '물 편향'이라고 번역할 수도 있겠다. 비슷한 사람들이 끼리끼리 어울리는 물의 영향을 받는 사람들은 비슷하지 않은 사람들의 사정을 헤아리기 어렵다는 것이다.[27] 이는 소득수준에 따른 거주지의 분리로 비슷한 사람들끼리 몰려 사는 경향이 가속화되면서 사회적 소통·통합과 관련된 중요한 개념으로 떠오르고 있다.

---

26. availability라는 영어 단어는 일부러 찾기보다는 당장 주변에서 손쉽게 구할 수 있는 것을 가져다 쓰는 이용가능성(가용성)을 말한다. 이는 사실상 '기억의 용이성'을 뜻한다. 즉, 우리 인간에겐 어떤 문제나 이슈에 직면해 무언가를 찾아서 알아보려고 하기보다는 당장 머릿속에 잘 떠오르는 것에 의존하거나 그걸 중요하다고 생각하는 경향이 있다는 것이다. "무언가가 떠오른다면, 그건 중요하다(if something can be recalled, it must be important)"고 보는 것이다. 이처럼 자신의 경험 혹은 자주 들어서 익숙하고 쉽게 떠올릴 수 있는 것들을 가지고 세계에 대한 이미지를 만드는 것을 '가용성 편향(availability bias)'이라고 한다. 「Availability heuristic」, 「Wikipedia」; 하워드 댄포드(Haward S. Danford), 김윤경 옮김, 『불합리한 지구인: 인간심리를 지배하는 행동경제학의 비밀』(비즈니스북스, 2010/2011), 40쪽; 대니얼 카너먼(Daniel Kahneman), 이진원 옮김, 『생각에 관한 생각: 우리의 행동을 지배하는 생각의 반란』(김영사, 2011/2012), 191쪽; 춘카 무이(Chunka Mui)·폴 캐럴(Paul B. Carroll), 이진원 옮김, 『똑똑한 기업을 한순간에 무너뜨린 위험한 전략』(흐름출판, 2008/2009), 274~276쪽.
27. Andrew Gelman et al., 『Red State, Blue State, Rich State, Poor State: Why Americans Vote the Way They Do』(Princeton, NJ: Princeton University Press, 2008), p.36; Juliet Eilperin, 『Fight Club Politics: How Partisanship Is Poisoning the House of Representatives』(New York: Rowman & Littlefield, 2006), p.6.

왜 강남좌파는
'왕싸가지'가 되었나?

　　　　　　　　강남좌파의 문제는 곧 민주당의 문제
라고 해도 과언이 아니다. 운동권 출신이라고 해서 가난하겠거니 하
고 생각했는데, 재산공개 때 막상 까보면 부자가 왜 그리 많은지 놀
라는 사람이 많다. 지금 그게 잘못되었다는 비판을 하려는 게 아니
다. 우리는 이성으로 대처하고 싶지만, 유권자들이 감정으로 대처하
는 현실을 더는 외면하지 말고 '이성과 감정'의 괴리에서 비롯된 문
제들을 상쇄할 수 있는 다른 노력을 기울여야 하지 않겠느냐는 말을
하고자 하는 것이다.

　　그런 관점에서 본다면, 강남좌파의 진짜 문제는 그들의 경제적
계급이라기보다는 문화적 계급이다. 강남좌파는 대부분 학력과 학
벌이 좋은 이른바 '인지적 엘리트층cognitive elite'이다.[28] 거의 비슷한
뜻이니, 그냥 '지식 엘리트'로 부르기로 하자. 민주당은 물론 좌파

---

28. '인지적 엘리트층(cognitive elite)'은 미국 하버드대학 심리학 교수 리처드 헌스타인(Richard J. Herrnstein, 1930~1994)과 미국기업연구소(American Enterprise Institute)의 연구원 찰스 머리 (Charles Murray)가 쓴 『벨 커브: 미국 사회에서의 지능과 계급구조(The Bell Curve: Intelligence and Class Structure in American Life)』(1994)라는 책에서 처음 사용된 말이다. 지능이 삶을 결정한다는 'IQ 결정론'을 내세운 이들은 머리가 좋아 성공한 '인지적 엘리트층'과 그렇지 못한 층의 격차가 갈수록 벌어져 미국이 라틴아메리카처럼 될 가능성이 높다고 우려하면서 이민법의 변화 필요성을 역설해 큰 논란을 빚었다. 이런 배경으로 보자면 '인지적 엘리트층'은 우익적 개념이지만, 미국에서 '학벌 자본'의 영향력이 커지면서 좌우를 불문하고 널리 쓰이게 되었다. Richard J. Herrnstein & Charles Murray, 『The Bell Curve: Intelligence and Class Structure in American Life』 (New York: Free Press Paperbacks, 1994/1996).

정당을 보더라도, 맹활약을 하는 정치인들은 대부분 명문대 출신들이다. 이미 널리 알려진 사실이지만, 운동권 내부의 학벌주의가 바깥세상의 학벌주의보다 지독하기 때문에, 이름 없는 대학의 운동권은 정치판에 명함 내밀기가 힘들다.

　진보적 지식 엘리트는 자신의 학벌 자본을 이용해 경제적으론 풍요를 누린다. 당위만을 놓고 보자면 진보가 보수에 비해 멋져 보이는 데다 그럴듯한 '도덕 자본'까지 누릴 수 있으므로 지식 엘리트의 이념 구성은 현실세계와는 달리 진보 지향성이 비교적 높은 편이다. 미국에서 '진보가 장악한 학술문화계' 운운하면서 보수-진보 간 뜨거운 논쟁이 벌어지는 것도 바로 그런 이유 때문이다.[29]

　한국에선 소설가 이문열이 이 분야의 대표 논객인데, 그는 "일반 국민은 보수와 진보가 50대 50인데 문화 쪽은 진보가 거의 98%까지 장악하고 있다"고 주장한다.[30] 그의 이런 주장은 지나친 과장일망정, 문화계의 보수-진보 비율이 한국 전체의 보수-진보 비율과 큰 차이를 보인다는 건 분명한 사실이다. 보수는 이런 현실에 대해

29. Thomas Frank, 『What's the Matter with Kansas?: How Conservatives Won the Heart of America』(New York: Henry Holt & Co., 2004/2005), pp.240~241; David Horowitz, 『The Professors: The 101 Most Dangerous Academics in America』(Washington, D.C.: Regnery Publishing, 2006); David Horowitz, 『Indoctrination U.: The Left's War Against Academic Freedom』(New York: Encounter Books, 2007); 강인선, 「미 대학교수 '좌파들 세상'」, 『조선일보』, 2002년 9월 3일, A13면; 권순택, 「美 교수 72% "나는 진보파"…20년 만에 2배로」, 『동아일보』, 2005년 3월 31일.
30. 박병권, 「소설가 이문열, 보수를 말하다: "문화 쪽은 진보가 98% 장악 보수색 드러내면 즉시 불이익"」, 『국민일보』, 2013년 1월 8일.

2.
진보의 진보 비판은 '비겁함'
또는 '무지' 때문인가?

큰 반감을 갖고 있지만, 실은 환영하고 축하해야 할 일인지도 모른다. 이게 자주 진보주의자들에게 착시錯視 현상을 불러일으켜 민심을 진보 위주로 오판하게 만드는 주요 원인이 되고 있기 때문이다.

어찌되었건 진보 좌파의 지도급 인사들이 대부분 명문대 출신이라는 건 진보의 자산으로 긍정 평가할 수 있는 일이지만, 문제가 그렇게 간단치만은 않다. '지식 엘리트'의 속성은 자신의 비교 우위가 지식 · 지성 · 비전에 있다는 걸 거의 본능 비슷하게 갖고 있기 때문에 타인과 세상에 대한 '계몽 욕망'으로 충만해 있다. 미국 정치에서 늘 진보적 지식 엘리트가 일반 서민의 거센 반감의 대상이 되는 등 뜨거운 논란을 불러일으키는 것도 바로 그런 이유 때문이다.[31] 한국에선 그들의 계몽 욕망이 해소되기 어려운 내부 분란을 낳는 건 물론이고 외부적으론 자주 싸가지의 문제로 비화된다. "우리가 모든 걸 다 알고 있으니 우리를 따르라"는 식이니 말이다.

진보적 지식 엘리트는 자기들에게 선거 결과가 안 좋게 나오면 "유권자가 욕망에 투항했다"는 식으로 싸가지 없는 진단을 내놓는다. 그런데 막상 그렇게 말하는 이들의 재산을 까보면 욕망에 투항했다는 유권자들의 평균보다 훨씬 많다. 그래서 '왕싸가지'라는 말을 듣기도 하지만, 그것보다 중요한 것은 이런 현실이 막연하지만 강력한 느낌과 이미지로 유권자들의 뇌리에 자리 잡으면서 '싸가지 없

---

31. Lee Harris, 『The Next American Civil War: The Populist Revolt Against the Liberal Elite』 (New York: Palgrave, 2010), pp.38~40, 75~76, 237.

는 진보'를 깨기 힘든 고정관념으로 만들어버린다는 점이다.

이런 상황에서 "능력으로만 승부하자"는 말은 통하기 어렵다. 여기서 한 걸음 더 나아가 '진보=도덕'을 '개 풀 뜯어먹는 소리'로 규정해버리고 나면 쓸 수 있는 카드가 사라지고 만다. 이대로 좋은가? 이 문제는 진보는 왜 '감정'에 무능한가 하는 물음으로 바꿔서 더 고민해볼 필요가 있을 것 같다. 제3장에서 그 이야기를 해보자.

2.
진보의 진보 비판은 '비겁함'
또는 '무지' 때문인가?

제**3**장

왜 **진보**는 **'감정'**에
무능한가?
진보의 '이성 중독증'

"보수는 인간에게,
진보는 사물에 말한다"

"마음을 잘 다스리지 못한 것 같아
요. 그때는 마음속에 누군가를 미워하는 감정이 가득했어요. 이재
오·김문수 씨 이런 사람들이 너무 미운 거예요. 뿐만 아니라 옛날
에 공안검사 하면서 죄 없는 사람 징역 살렸던 사람들이 너무 뻔뻔하
게 똑같은 소리를 하고, 다른 당 국회의원을 간첩이라고 했잖아요.
분노의 감정을 다스리기가 굉장히 어려웠어요. 그런 게 얼굴에 나타
나니까 그 사람들도 저를 싫어했죠. 또 하나는 국회의원 배지가 참
귀한 건데 이것을 하찮게 여기는 듯한 언행을 제가 했죠. 저는 사익
이 아니라 공익을 위해 정치를 하는 게 맞고, 공익을 위해 국회의원
배지를 꼭 버려야 한다면 가차 없이 버리는 것이 맞다고 생각했어
요. 그런데 이런 생각을 노출시키지 말았어야 하는 거였어요. 그런
것이 부지불식간에 노출되니까 다른 국회의원들이 볼 때는 잘난 척
하고 건방진 놈으로 보일 수밖에 없죠. 그때는 인간관계보다는 일이

똑바로 되는 게 매우 중요했거든요. 남들이 봤을 때 좋게 보면 열정이고, 나쁘게 보면 독선이죠. 지나고 생각해보면 이렇게 했으나 저렇게 했으나 별 차이 없는 건데. 괜히 그렇게 살았어요(웃음)."[1]

유시민이 『경향신문』(2009년 3월 20일) 인터뷰에서 "지난 시간을 돌이켜봤을 때, 지금 알고 있는 것을 그때도 알았더라면 좋았겠다고 생각하는 것이 있습니까"라는 질문에 대한 답으로 한 말이다. 솔직한 토로에 경의를 표한다. 그러나 유시민이 너무 자책할 필요는 없을 것 같다. '감정'에 무능한 것은 유시민이나 한국 진보뿐만 아니라 국경을 넘어 모든 진보주의자의 공통점이라니 말이다.

'감정'에 무능하다 함은 진보에 감정 표현 능력이 없다는 뜻이 아니다. 감정 표현만을 두고 말하자면, 진보가 보수에 비해 훨씬 유능하다. 그마저 '유능'이라고 부를 수 있는 것인지는 모르겠지만 말이다. 감정을 이용할 것이냐 감정에 이용당할 것이냐, 이것이 문제다. 진보는 자기감정의 포로가 되어 감정에 이용당하는 쪽이다. 구경꾼(유권자)들의 감정엔 믿기지 않을 정도로 둔감하다. 그래서 무능하다는 것이다.

노명우가 잘 지적했듯이, "상업주의와 보수주의자들이 대중의 상식을 기막히게 이용하는 능력을 갖추었다면, 지식인과 진보주의는 상식을 대체할 양식을 훈계의 어투로 늘어놓는 능력만을 갖고 있

---

1. 최희진, 「유시민 "지난 대통령선거는 사기 MB는 헌법을 잘 모른다"」, 『경향신문』, 2009년 3월 20일.

을 뿐이다."[2] 그는 가끔 인용되는 말이라며, "우익은 거짓을 말하고 있지만 인간에게 말하고 있고, 좌파는 진실을 말하고 있지만 사물"에 말하고 있다고 했는데,[3] 진실이건 거짓이건 진보의 기본자세는 인간지향적이라기보다는 사물지향적이다.

자기감정의 포로가 된 진보는 유권자들을 향해서도 논리와 이성 일변도다. 진보의 기획 자체가 당위, 그리고 그 하부의 논리와 이성에서 출발했기 때문이다. 원래 지식인은 인간을 지나치게 이성적·합리적 의사결정자로 가정하는 이른바 '과잉지식인화overintellectualization의 오류'를 범하기 십상인데,[4] 이 점에선 진보 지식인이 압도적 우위를 점하고 있다.

반면 개인적 욕망을 논리와 이성으로 옹호하기 어렵다는 걸 아는 보수는 대중에게 감정으로 접근한다. 싸가지 있게 굴려고 애를 쓴다. 여자를 꾀는 바람둥이처럼 계산하고 기획한다. 이에 비해 진보는 "네가 어떻게 날 안 좋아할 수 있어?"라고 호통치는 형식이다.

2. 노명우, 『세상물정의 사회학: 세속을 산다는 것에 대하여』(사계절, 2013), 30쪽.
3. 노명우, 『세상물정의 사회학: 세속을 산다는 것에 대하여』(사계절, 2013), 31쪽.
4. 윤영민, 『사이버공간의 정치: 시민권력과 공동체의 부활』(한양대학교출판부, 2000), 211~212쪽.

'정책의 시장'과
'감정의 시장'

진보는 '정책'이니 '이슈'니 하는 말을 참 좋아하지만, 대중은 그런 것에 별 관심이 없다. 미국 에머리대학 심리학자 드루 웨스턴Drew Westen은 『감성의 정치학: 마음을 읽으면 정치가 보인다』(2007)에서 이성적인 비전과 연관된 선거 이론을 '트리클 업trickle-up 정치'라고 부른다. 이 이론은 어떤 후보에 투표하겠다는 행위의 결정이 특정 정책에 내리는 유권자의 이성적 평가에서 시작된다고 가정한다. 웨스턴은 이 가정에 다음과 같은 의문을 제기한다.

"위로는 대통령부터 아래로는 카운티의 경찰서장이나 보안관까지 선거로 뽑는 미국 같은 공화국에서 평범한 시민(정치적 지식수준이 높은 시민까지 포함해)이 모든 자료를 따라가기란 불가능하다. 어떤 법안의 어떤 측면이 자신의 가치관과 이익에 도움이 되는 결과를 낼지, 또 여러 선거에서 어떤 후보가 어떤 입장을 지녔는지 등을 모두 알기는 힘들다.……정보를 추구하는 교육받은 유권자들조차 대단히 중요한 선거에서 3~4개 현안의 세부사항을 아는 정도가 고작이다. 하지만 그보다 더 알려면 다른 일은 모두 접고 그 일에만 매달려야 한다. 의원들이라면 몰라도 시민이 할 일은 아니나."[5]

---

5. 드루 웨스턴(Drew Westen), 뉴스위크한국판 옮김, 『감성의 정치학: 마음을 읽으면 정치가 보인다』(뉴스위크한국판, 2007), 140쪽.

웨스턴은 "선거에서 이기려면 기본적으로 정책의 시장이 아니라 감정의 시장에서 경쟁해야 한다"고 주장한다.[6] 그는 미국 민주당이 이 점에서 무능하다며 다음과 같이 말한다.

"민주당이 뛰어난 육감의 중요성을 인식하지 못하는 이유는 유권자의 정신이나 마음이 냉철하다는 관점에 사로잡혔기 때문이다. 선거운동에서는 감정·이야기·연상·이미지·설정·비유·음향·음악을 투입해 비이성적 유권자들을 사로잡아야 하는데 냉철한 정신이라는 관점에서는 그런 것들을 방해 요소라고 본다."[7]

이런 시각에 맞장구를 치는 미국의 인지언어학자 조지 레이코프George P. Lakoff, 1941~는 『폴리티컬 마인드: 21세기 정치는 왜 이성과 합리성으로 이해할 수 없을까?』(2008)에서 보수적인 부시 행정부에 대한 앨 고어Al Gore의 통렬한 비판서의 제목이 『이성에 대한 습격The Assault on Reason』이고, 극보수주의에 대한 로버트 라이시Robert Reich의 비판이 『이성Reason』이라는 이름을 달고 있는 것은 우연이 아니라고 말한다.[8]

이게 미국만의 이야기가 아니다. 한국 진보의 정치평론 역시 이성 일색이다. '이성 중독증'이라고 해도 좋을 정도다. 오해하지 말

6. 드루 웨스턴(Drew Westen), 뉴스위크한국판 옮김, 『감성의 정치학: 마음을 읽으면 정치가 보인다』(뉴스위크한국판, 2007), 289쪽.
7. 드루 웨스턴(Drew Westen), 뉴스위크한국판 옮김, 『감성의 정치학: 마음을 읽으면 정치가 보인다』(뉴스위크한국판, 2007), 264쪽.
8. 조지 레이코프(George Lakoff), 나익주 옮김, 『폴리티컬 마인드: 21세기 정치는 왜 이성과 합리성으로 이해할 수 없을까?』(한울아카데미, 2008/2012), 35쪽.

자. 그게 잘못되었다는 게 아니다. 지금 나는 이성 중심의 정치관이 '싸가지의 문제'를 사소하게 보는 정치관의 형성에 일조한다는 점을 강조하고자 하는 것이다. 그러나 나는 싸가지가 없으면 아무리 내용이 좋은 정책이라도, 자신에게 이익이 되는 정책이라도, 거부감을 느끼는 유권자가 많다는 현실을 직시하자는 말을 하고 싶다.

우리는 "눈높이를 맞춘다"는 말을 좋은 뜻으로 쓰면서도 왜 이런 경우엔 눈높이를 고려하지 않는지 모르겠다. 이런 문제의식에 대해 대중을 무시하는 엘리트주의 운운하는 반론이 있을 수 있다. 이 또한 진보가 즐겨 쓰는 상투적인 이성 중심의 논리임은 두말할 나위가 없다. 나는 이성이 감성보다 높다거나 나은 것이라고 생각하지 않기 때문에, 그런 반론은 하나마나다.

유권자의 '확증 편향'

우리는 정치적 논쟁에 대해서도 그런 '이성 중독'에 빠져 있는 건 아닐까? 나는 한때 논쟁을 통해 상대방을 설득할 수 있다고 믿은 적이 있었지만, 그런 믿음을 버린 지 오래되었다. 서로 조금도 지지 않으려고 말싸움을 하다 보면, 나중엔 감정싸움으로 흐르기 마련이고, 내심 상대방에 대해 '천하의 몹쓸 놈'이라는 생각을 갖기 십상이다.

내가 늘 옳았다는 주장을 하려는 게 아니다. 아마 나와 논쟁을 했던 상대방도 나에 대해 그런 생각을 했을 것이다. 나나 나와 논쟁을 했던 사람들만 그런 것도 아니다. 우리 사회에서 벌어지는 논쟁, 특히 정치적 논쟁을 조금만 추적해보면 쉽게 확인할 수 있는 사실이다. 왜 그럴까? 영국 철학자 프랜시스 베이컨Francis Bacon, 1561~1626은 이미 1620년에 다음과 같이 말한 바 있다.

"인간의 지성은 일단 어떤 의견을 채택한 뒤에는……모든 얘기를 끌어들여 그 견해를 뒷받침하거나 동의해버린다. 설사 정반대를 가리키는 중요한 증거가 훨씬 더 많다고 해도 이를 무시하거나 간과해버리며……미리 결정한 내용에 죽어라고 매달려 이미 내린 결론의 정당성을 지키려 한다."[9]

심리학에선 인간의 그런 성향을 가리켜 '확증 편향confirmation bias'이라고 한다. 자신의 신념과 일치하는 정보는 받아들이고 신념과 일치하지 않는 정보는 무시하는 경향을 가리키는 말이다.[10] 확증 편향은 정치적 논쟁이나 토론의 가치에 대해 근본적인 의문을 제기

9. 드루 웨스턴(Drew Westen), 뉴스위크한국판 옮김, 『감성의 정치학: 마음을 읽으면 정치가 보인다』 (뉴스위크한국판, 2007), 92쪽.
10. 확증 편향은 논리학에선 '체리피킹(cherry picking)'이라고 한다. 자신의 주장을 뒷받침할 증거나 자료만 선택적으로 제시하는 걸 가리킨다. 마케팅 분야에서 자신의 실속만 차리는 소비자를 가리켜 '체리피커(cherry picker)'라고 부르는 것과 통하는 말이다. 논지를 전개하는 사람이나 소비자 모두 접시에 담긴 신 포도와 체리 가운데 달콤한 체리만 쏙쏙 집어먹거나(pick) 체리가 올려져 있는 케이크 위에서 비싼 체리만 골라먹는 걸 빗댄 말이다. 「Cherry picking(fallacy)」, 『Wikipedia』; 손해용, 「재테크와 꼼수 사이…진화하는 체리피커: '깍쟁이' 소비자와 금융사의 머리싸움」, 『중앙일보』, 2012년 10월 22일; 「체리피커(cherry picker)」, 『네이버 지식백과』.

하게 만든다. 미국 정치에서 각각 좌우左右를 대변하는 대표 논객인 아리아나 허핑턴Arianna Huffington과 러시 림보Rush Limbaugh에 대해 잠시 생각해보자. 미국 심리학자 데이비드 맥레이니David McRaney는 『착각의 심리학』이라는 책에서 "사람들은 새로운 이야기를 불편해한다"며 이들에 대해 다음과 같이 말한다.

"이들은 기존의 세계관에 맞춰 세상을 한 번 걸러낸다. 그들의 필터가 당신의 필터와 같다면 당신은 그들을 좋아할 것이다. 만약 그렇지 않다면, 그들을 싫어할 것이다. 당신은 그들을 통해 정보를 얻으려는 게 아니라 자신의 믿음을 확인받으려는 것이다."[11]

이런 확증 편향은 집단 차원에서도 나타난다. 마크 뷰캐넌Mark Buchanan은 『사회적 원자: 세상만사를 명쾌하게 해명하는 사회물리학의 세계』(2007)에서 "맹목적으로 집단에 충성하고 집단적 편견에 빠지는 예들에 나타나는 공통점은, 집단의 문제에 대해 사람들의 태도가 놀라울 정도로 유연하지 못하다는 것이다. 사람들은 자신들이 미리 진부한 편견에만 따르고 다른 가능성은 거들떠보지 않는다. 이 모든 경우에 사람들은 원시인으로 변한다. 우리 아니면 남이고, 독수리 팀 아니면 방울뱀 팀이 되는 것이다. 집단 정체성에 대한 본능은 민족적 증오나 갱들의 전쟁처럼 극적인 일에만 영향을 주는 것이 아니다"며 다음과 같이 말한다.

---

11. 데이비드 맥레이니(David McRaney), 박인균 옮김, 『착각의 심리학』(추수밭, 2011/2012), 176쪽.

3.
왜 진보는
'감정'에 무능한가?

"2004년에 조지 부시와 존 케리가 맞붙은 미국 대통령 선거 때, 에머리대학 심리학자 드루 웨스턴Drew Westen의 연구진은 공화당원과 민주당원에게 자신들의 후보가 명백히 틀린 발언을 하는 모습을 보여주었다. 웨스턴과 동료들은 개인들이 그 모순을 설명하려고 노력할 때의 뇌 활동을 관찰했다. 활성화된 부위는 이성과 관련된 부위가 아니라 감정과 갈등 해결에 관련된 부위들이었다. 웨스턴이 결론을 내렸듯이, '의식적인 추론과 관련된 부위는 특별히 참여하지 않았다.……본질적으로 당원들은 자신이 원하는 결론을 얻을 때까지 인식의 만화경을 이리저리 돌리는 것 같았다.' 우리 중 많은 사람들은 소속 집단을 보존하고 지지하기 위해 현실을 감정적인 방식으로 여과해서 보는 것 같다."[12]

날카로운 지적이다. 한국 정치를 비판하는 사람들은 주로 정치인들만 욕할 뿐 대중은 늘 피해자라는 식으로 말하지만, 정치인들은 대중의 확증 편향에 영합할 뿐이라고 보는 게 진실에 더 가깝다. 이 세상에 숱한 음모론이 성황을 누리는 것도 바로 '확증 편향' 때문이다. 어떤 정치적 이슈나 사안에 대해 편을 갈라 치열하게 싸우더라도 그 싸움이 '확증 편향' 간의 싸움이라는 것만큼은 인정하는 게 좋지 않을까?

---

12. 마크 뷰캐넌(Mark Buchanan), 김희봉 옮김, 『사회적 원자: 세상만사를 명쾌하게 해명하는 사회물리학의 세계』(사이언스북스, 2007/2010), 189쪽.

그렇다고 해서 '논쟁 무용론'을 주장하려는 건 아니다. 논쟁을 통해 상대방을 설득하는 건 불가능할망정 논쟁의 구경꾼들에겐 영향을 미칠 수 있기 때문이다. 전문적인 구경꾼들은 논쟁의 콘텐츠에 관심을 갖겠지만, 일반 유권자 수준의 구경꾼들은 태도나 싸가지에 더 관심을 갖는다. 즉, 싸가지라고 하는 형식이 내용 못지않게 또는 그 이상으로 중요하다는 것이다.

"유시민 · 진중권은 싫어도 김어준은 좋다"

진보의 '감정' 문제와 관련해 EBS PD 박유림이 아주 멋진 칼럼을 썼다. 「논리의 시대는 저물고」라는 칼럼이다. 그는 "초등학교 2·3학년 때인가 『논리야 놀자』라는 책을 위시한 총천연색 논리 시리즈들이 출간됐고 동시에 마치 전등스위치를 켜듯 교육의 모든 지점에 '논리'의 불이 켜졌다. 각종 논술교육이 성행했고 나는 무슨 말인지 이해도 되지 않는 신문의 사설을 몇 년이고 베껴 써야 했다"며 다음과 같이 말한다.

"PD가 되기 위한 준비 과정 역시 마찬가지였다. 공채시험에 '논술' 지필고사는 물론이거니와 실무능력 평가에서는 '토론'과 같은 논리전쟁터도 거쳐야 했다. 자신의 생각을 대중에게 전달하고 이해시키는 일을 하는 PD에게 '논리'는 필수적이라는 판단이었으리

라. 아마도 '감정적'이라는 말에서 느껴지는 부정적 뉘앙스는 다분히 논리교육의 영향이 아닐까 생각된다. 하지만 '전달'이니 '이해'니 하는 것이 결국에는 상대의 동의를 목적으로 하는 것이므로 상대의 마음을 움직이는 '감정'이 '논리'보다 효과적인 소통방식이 아닐까? 이른바 이 시대의 논객들, 유시민 전 장관이나 진중권 교수에 대해 '옳은 말씀이나 왠지 동의하기 싫다'는 대중의 평가는 '논리'가 가지고 있는 부작용의 좋은 예라고 생각된다."

그런데 이 칼럼에서 내가 정작 흥미롭게 여긴 건 김어준에 관한 대목이다. 김어준의 『닥치고 정치』엔 이런 이야기가 나온다. "⋯⋯이건 논리적 추론이 아니라 정서적 직관의 영역이지. 내가 자꾸 '느낌'을 이야기하는 이유다. 대중정치는 사실 이 영역에서 결정되거든. 진보 진영에선 정치가 논리의 영역에서 결정될 거라 생각하지만⋯⋯." 이 대목을 소개한 뒤, 박유림은 다음과 같이 말한다.

"김어준은 대중이 궁금해할 만한 사안들을 정확히 짚어낸다. 사람들이 감정이입을 하고 움직일 만한 것들을 이슈화하는 동물적 감각을 지녔다. 논리적으로 수긍이 가는 지점이 아니라 마음이 움직이는 지점을 알고 있다. 감정의 영역에서 결정되는 것이 비단 정치만일까. 인간계에서 결정되는 일들 가운데 논리적이거나 합리적으로 결정되는 것이 얼마나 있나. 그런 점에서 '감정'은 중요하다. 그리고 그 중요성이 사회에 만연하게 된 지금은 바야흐로 '감정의 시대'."[13]

자, 그렇다면 김어준은 '감정'에 유능하다고 말할 수 있을까?

물론이다. 경희사이버대학교 미국학과 교수 안병진은 "그는 한국 정치심리학의 새 지평을 연 탁월한 지식인"이라고 극찬을 한다. 그는 "그간 왜 한국의 대부분 진보 진영들은 김어준과 달리 자주 정치 예측에 실패하게 될까? 왜냐하면 시민의 구체적 삶과 자신들의 이념을 부단히 조응하려 노력하지 않거나 인생의 복합성을 이해하지 못하기 때문이다"며 다음과 같이 말한다.

"이들은 자신이 시민을 사랑하는 이유와 반대로 시민들이 자신을 사랑하는 이유가 다를 수 있다는 것에 대해서조차 별로 생각해본 적이 없다. 또 어떤 이들은 질투심에 눈이 멀어 김어준의 분석은 친노의 정치적 결론이라 비난한다. 세상에, 이들은 분석이 현실의 추이와 일치하느냐를 먼저 따지기보다 낙인을 찍는 것으로 승리한다고 보는 모양이다. 일부 진보파들의 불편한 속내에도 불구하고 앞으로 김어준 현상은 더 강해질 것이다. 왜냐하면 이제 깨어 있는 시민들은 정치 엘리트들의 내공의 수준을 파악하게 되고 소셜네트워크 등 자신들의 엄청난 무기의 위력과 맛을 알게 되어 본격적으로 정치가들을 통제하려고 시도할 것이기 때문이다."[14]

---

13. 박유림, 「[PD의 눈] 논리의 시대는 저물고」, 『PD저널』, 2012년 2월 15일.
14. 안병진, 「닥치고 연애」, 『한겨레』, 2011년 10월 31일.

3.
왜 진보는
'감정'에 무능한가?

나꼼수를 덮친
'승자의 저주'

　　　　　　　　글쎄 그렇게까지 극찬을 해도 좋은지는 모르겠
지만, 김어준이 감정에 유능한 건 분명하다. 그의 『닥치고 정치』에는
진보가 감정에 얼마나 무능한지에 대한 주장이 여러 개 실려 있다.
두 대목만 감상해보자.

　　"좌의 취약점이 뭐냐. 좌는 스스로 지적으로 우월하고 도덕적으
로 정당하다고 생각한다는 거. 그게 왜 문제냐면, 좌가 지적으로나
도덕적으로 문제가 있다는 게 아니라, 그렇게 스스로 생각하다보니
부지불식간 드러나는 지적 오만이 대중들로부터 좌를 유리시키는
결정적 역할을 한다는 거. 자기들만의 언어로, 자기들끼리만 대단하
고 자기들끼리만 정당하지. 그러고는 자신들의 언어로 거대한 담론
을 설법하려 들지. 예를 들어 우리 좌파가 입에 달고 사는 '신자유주
의'란 용어만 해도 그래. 그 언어로 대중을 설득하려는 시도 자체가
어리석은 거라는 걸 인정하지 않고선, 자기들끼리의 리그에서 자기
들끼리의 언어로 자기들끼리만 잔치를 하고 만다고. 자기들끼리 거
룩한 순교자가 되는 거지."[15]

　　"진보 진영이 대중을 상대하는 자세를 보면 딱 사제야. 자신들

---

15. 김어준 · 지승호, 『닥치고 정치: 김어준의 명랑시민 정치교본』(푸른숲, 2011), 192쪽.

098／**099**

의 율법이 절대선인데 왜 너희는 그렇게 살지 않느냐. 자기들은 그걸 이미 알고 믿고 실천하건만 너희는 왜 이렇게 올바르고 참된 가치를 좇지 아니하느냐. 그러면서 외치지. 회개하라, 그러면 구원을 얻을 것이니.(웃음)"[16]

다 탁견이긴 한데, 김어준에겐 한 가지 치명적인 문제가 있다. 그는 그런 이론으로 우리 편의 사랑을 받고 더 나아가 피를 끓게 만드는 데는 천재적이지만, 우리 편보다 많은 수의 사람에게 '싸가지 없는 진보'의 이미지를 각인시키는 결과를 초래하고 있다는 점이다. 그렇게 감정의 문제를 잘 아는 김어준이 어이하여 나꼼수 스타일이 지지자들이 아닌 다른 유권자들에게 불러일으킬 감정적 반응엔 그리 둔감할 수 있는 걸까? 서울시장 선거 때 나꼼수의 역할이 결정적이었다는 믿음 때문이라면,[17] 이거야말로 '승자의 저주winner's curse'라고 해야 할까?

아니 비단 김어준뿐만이 아니다. 대중에게 감정으로 접근해 그들을 매료시키는 진보 논객은 많다. 늘 문제는 우리 편이 아닌 사람들의 감정은 아예 고려의 대상으로 삼지 않는다는 점이다. 그런데 이런 딜레마가 있다. 우리 편이 아닌 사람들의 감정까지 고려하는 어법으론 우리 편 사람들을 열광시킬 수 없다. 이게 바로 우리가 직면해 있는, 정치담론의 시장 논리다.

---

16. 김어준 · 지승호, 『닥치고 정치: 김어준의 명랑시민 정치교본』(푸른숲, 2011), 192쪽.
17. 김어준 외, 『나는 꼼수다 2』(시사IN북, 2012), 209쪽.

3.
왜 진보는
'감정'에 무능한가?

제19대 총선(2012.4.11) 결과가 민주당의 패배로 나타났을 때 그런 시장논리의 문제가 김어준의 나꼼수에 대한 비판 형식으로 제기되기도 했다. 한겨레사회정책연구소 연구위원 한귀영은 "자신의 과오는 인정하지 않는 태도로 성찰의 공간을 갖지 않는 '나꼼수'에 휘둘렸다는 평가는 줄곧 지속됐다"며 "진영논리로 우리 편 아니면 적이라는 식으로 '쫄지 마' 형태로 일관하는 것이 처음에는 달콤 짜릿하지만 결국 그것이 자기편에게 부메랑이 되어 돌아오게 되는 것"이라고 말했다. 경희대학교 교수 이택광도 "새누리당 과반의석 차지는 공허한 심판론과 막말 파문에 대한 안이한 대처가 만들어낸 결과"라며 "나꼼수 현상이 결국 독으로 작용했다. 떠먹여 주는 밥도 못 먹는다는 말이 나오는 까닭"이라고 지적했다.[18]

'우동 좋아하면 우파, 자장면 좋아하면 좌파'인가?

말은 분명하게 해두자. 나꼼수 그 자체가 문제라는 게 아니다. 나꼼수는 칭찬받을 게 아주 많다. 무엇보다도 진보 지지자들의 속을 후련하고 통쾌하게 만들어 그

18. 장윤선, 「"이렇게 말아먹다니…" 야권 패배, 이유 있다: 4·11 총선 결과와 정국 전망」, 『오마이뉴스』, 2012년 4월 12일.

들의 수명 연장에 기여한 점을 어찌 외면할 수 있으랴. 문제는 진보의 한 문화 장르로 머물러야 할 나꼼수가 진보정치를 진두지휘하는 위치로 격상되었다는 데에 있다. 그렇게 격상을 시킨 주인공은 민주당 정치인들인데, 이들에 대한 비판은 하지 않으련다. 그런 비판은 특정 계파 지지자들의 분노를 자아낼 것이 뻔해, 지금 내가 외치는 타협과 화합에 방해가 될 것이기 때문이다.

나는 정치 원론으로서 진영논리와 편 가르기의 가치를 부정하는 것도 아니다. 문화평론가 김진송은 "편을 가르는 것이 문제가 아니라 편을 가르는 걸 금기시하려는 태도가 오히려 모순과 갈등을 지속시켜왔다. 그런 태도야말로 계급투쟁의 장을 형성하고 유발하면서도 집요하게 계급을 부정하려는 자본주의 시스템에 들어 있다는 걸 감추는 일이다"며 다음과 같이 말한다.

"군이 네 편 내 편을 가르지 않는 사회를 만들고 싶다면 어느 편에서 편을 가르지 않는 사회를 꿈꾸는지를 먼저 말해야 한다. 어떤 편에 서서 그 편의 지배적 가치를 실현하고 싶은지를 분명히 밝히는 것이 정치의 시작이다. 모든 편 가르기의 출발은 바로 나 자신이다. 그것은 사회에서 상식과 보편으로 말해지는 가치를 개인의 가치와 분리시킴으로써 도달할 수 있는 지점이다. 하지만 이런 말은 즉각 오해를 불러일으키며 단번에 반발을 불러일으킨다. 그래서? 그런 식으로 이 사회가 분열되기를 바라는 거야? 맞다. 그전에 분열은 지배적 가치를 고수하려는 집단이 소수의 가치를 배제하기 위해 늘 사용해온 용어라는 걸 받아들여야 한다."[19]

나는 이 글의 원론적 취지에 동의하지만, 현 한국 정치가 당면해 있는 현실과는 동떨어진 원론이라고 생각한다. 진영논리와 편 가르기에 대한 대중의 염증과 저주는 아무런 근거 없이 나온 게 아니라는 점을 감안해야 한다. 『조선일보』 선임기자 박은주가 「'사상 노출증 환자'의 시대」라는 칼럼에서 묘사한 다음과 같은 풍경은 원론으로 격파할 수 있는 수준을 넘어선 걸로 보아야 하지 않을까?

"요즘엔 순도 100% 우파, 100% 순정 좌파를 자처하는 이가 도처에 출몰한다. 라면 끓일 때 수프를 먼저 넣으면 우파인가 좌파인가? 대체 좌파는 뭐고, 우파는 뭔가. 이런 의문 때문인지 시중에 '좌파 우파 구별법'은 가지가지로 떠돈다. 그중 하나. '우동 좋아하면 우파, 자장면 좋아하면 좌파. 100평 이상 살면 우파, 30평 이하 살면 좌파. 서울대 나오면 우파, 상고 나오면 좌파……' 농담을 가장한 비웃음이다. 신체 노출증 환자는 제 한 몸 벗는 것으로 만족하지만, 사상 노출증 환자는 '네 생각도 빨리 까보라'고 닦달한다.…… '편 가르기'는 사회 갈등을 부추기고, 사회적 손실 비용을 증가시킨다. 공익公益엔 손해다. 그러나 잘만 이용하면 '사익私益'은 극대화될 수도 있다. '쟤 원래 좌파야', '수구꼴통의 음모'라고 주장하면 사실 여부를 떠나 절반의 지지가 확보된다."[20]

19. 김진송, 「사회로부터 분리된 섬」, 『경향신문』, 2014년 7월 15일.
20. 박은주, 「'사상 노출증 환자'의 시대」, 『조선일보』, 2014년 1월 17일.

일반 유권자들은 진영논리와 편 가르기에 대해 염증을 내고 있는데, 그 이유 중의 하나는 의외로 많은 사람이 기존 이분법으로 분류할 수 없는 이른바 '이중개념주의biconceptualism'를 갖고 있기 때문이다. 이중개념주의와 관련, 미국에서 '보수주의의 대부Mr. Conservative'로 불렸던 정치가 배리 골드워터Barry Goldwater, 1909~1998가 한 명언이 있다. "명사수가 되기 위해 이성애자일 필요는 없다You don't have to be straight to shoot straight." 그는 외교, 군사, 경제 정책에서는 일반적인 보수적 세계관을 지니고 있었지만, 미국 원주민의 권리나 종교, 군대 내 동성애자, 통치행위 그 자체에 대해서는 일반적인 진보적 세계관을 지니고 있었다.[21]

　　골드워터만 그런 게 아니다. 사실 대부분의 정치인이 그렇다. 미국 대통령을 지낸 빌 클린턴Bill Clinton과 조지 W. 부시George W. Bush 모두 자기 진영의 강경파들에게는 '위선자'로 비난받았는데, 그 이유 역시 '이중개념주의' 때문이었다. 클린턴의 경제 정책은 보수였고, 부시의 이민자 정책은 진보였으니, 이들은 보수와 진보의 일관된 공식을 신봉하는 자들에겐 용납하기 어려운 일탈을 저지른 셈이었다.[22]

---

21. George Lakoff, 『The Political Mind: Why You Can't Understand 21st-Century Politics with an 18th-Century Brain』(New York: Viking, 2008), pp.70~72.
22. George Lakoff, 『The Political Mind: Why You Can't Understand 21st-Century Politics with an 18th-Century Brain』(New York: Viking, 2008), pp.71~72.

우리는 모두
'이중개념주의자'다

'이중개념주의자biconceptualist'가 따로 있는 건 아니다. 진보적인 사람일지라도 강한 보수적 메시지를 담고 있는 람보 영화에 공감하고 박수를 칠 수 있으며, 그건 이상할 게 전혀 없는 일이다. 특히 중간파에 속하는 유권자들은 어떤 이슈들에 대해선 보수, 다른 이슈들에 대해선 진보의 입장을 취한다.[23]

그런데 우리가 정치 영역에서 특정 이념이나 노선을 택하면서 가급적 일관된 성향을 보이고자 하는 건 학습의 결과다. 이론으로든 실천으로든 정치를 너무 많이 알기 때문에 이념의 포로가 되기 쉽다는 것이다. '이중개념주의'에 관한 레이코프의 다음 세 진술을 음미해보면서, 우리의 진영논리와 편 가르기가 이대로 좋은지 성찰해보는 게 좋을 것 같다.

(1) "이중개념주의는 흔히 무의식적이다. 많은 자칭 보수주의자가 의식하지 못하지만 정말로 많은 진보적인 견해를 지니고 있다. 어떻게 이것이 가능한가? 모순적인 정치적인 견해들이 드러나지 않은 채 펼쳐질 수 있는가? 이중개념주의를 더 잘 이해하기 위해, 토요

---

23. George Lakoff & the Rockridge Institute, 『Thinking Points: Communicating Our American Values and Vision』(New York: Farrar, Straus and Giroux, 2006), pp.14~15; Earl Black & Merle Black, 『Divided America: The Ferocious Power Struggle in American Politics』(New York: Simon & Schuster, 2007), pp.16~18.

일 밤 가치 체계와 일요일 아침 가치 체계의 사례를 떠올려보자. 동일한 사람이 토요일 밤에는 양심의 가책 없이 행복하게 술을 마시고 담배를 피우고 도박을 하고 술에 흠뻑 젖고 매춘을 할 수 있지만, 일요일 아침에는 정반대의 가치를 진정으로 신봉할 수 있다. 뇌 덕분에 인간은 이렇게 할 수 있다."[24]

(2) "순수 진보주의자와 순수 보수주의자는 흔히 이중개념을 소유한 정치 지도자들이 서로 다른 이슈에 서로 다른 세계관을 적용할 때 그들을 위선자로 간주한다. 그러나 이중개념주의는 단지 뇌에 관한 하나의 사실이다. 우리는 인간이다. 그래서 우리는 인간이라는 것의 의미가 무엇인지 이해할 필요가 있다.……진정한 이중개념주의자는 결코 자신을 위선자로 보지 않는다. 왜냐하면 세계관의 전환은 자동적이고 무의식적이며, 그가 서로 다른 세계관을 동일한 쟁점 영역에 적용하지는 않기 때문이다."[25]

(3) "권위주의적인 진보주의자가 있을 수 있는가? 한마디로 그럴 수 있다. 한 가지 이유를 대자면, 수단과 목적이 상이한 경험 영역의 역할을 할 수 있기 때문이다. 따라서 우리는 진보적인 목적을 지녔지만 권위적인 보수적 수단을 사용할 수 있다. 극단적인 경우에 우리는 심지어 권위적인 반권위주의자가 될 수 있다. 권위주의에 반

---

24. 조지 레이코프(George Lakoff), 나익주 옮김, 『폴리티컬 마인드: 21세기 정치는 왜 이성과 합리성으로 이해할 수 없을까?』(한울아카데미, 2008/2012), 115쪽.
25. 조지 레이코프(George Lakoff), 나익주 옮김, 『폴리티컬 마인드: 21세기 정치는 왜 이성과 합리성으로 이해할 수 없을까?』(한울아카데미, 2008/2012), 116~117쪽.

대하는 목적을 지니고 있는 옹호자 집단을 권위주의적으로 운영하는 사람을 떠올려보라. 어떤 노조 지도자는 위계적이고 징벌적인 수단을 사용하지만 진보적인 목적을 추구할 수 있다. 실제로 어떤 진보적 조직의 지도자든지 이러한 식으로 활동할 수 있다. 진보적인 목적을 지니고 있지만 보수적인 권위적 수단을 사용하는 사람들을 가리키는 이름이 있다. 바로 전투적 활동가Militants이다!"[26]

게다가 지금 우리의 편 가르기는 계급 중심이 아니다. 철저하게 사람 중심이다. 계급 중심의 편 가르기라 하더라도 그것이 '싸가지 없는 진보'를 정당화할 수는 없다. 이런 원론 중심의 편 가르기 옹호론은 나꼼수 스타일의 옹호론으로도 오남용되고 있으니, 바로 그게 문제다.

19대 총선 이후 달라진 게 있을까? 없다. 그대로다. 나꼼수에 대해 비판적이거나 나꼼수와 거리를 두려는 진보층 역시 정도의 차이만 있을 뿐 기본 모드는 나꼼수 스타일이다. 학창 시절 학생운동도 하고, 몇 년 전까지만 해도 자신을 진보라고 생각했다는 어느 유권자는 진보에 대해 다음과 같이 말한다.

"진보는 자신만이 옳고 보수는 몹쓸 집단이라는 식의 태도를 보일 때가 많은 것 같다. 자신과 상대를 '선과 악'으로 구분하고 과도한 적대의식을 보이면서, 국민들에게 양자택일을 종용하는 것이다.

---

26. 조지 레이코프(George Lakoff), 나익주 옮김, 『폴리티컬 마인드: 21세기 정치는 왜 이성과 합리성으로 이해할 수 없을까?』(한울아카데미, 2008/2012), 118~119쪽.

그래서 부담스럽다. 종교적 폐쇄성이 강한 기독교에 사람들이 거부감을 느끼는 것과 비슷한 맥락이다."[27]

일베는 나꼼수의
사생아인가?

그러나 나꼼수가 열성 지지층에서 누린 폭발적인 인기가 말해주듯이, 그런 선악 이분법과 적대의식은 지지자들의 열광적인 환호를 누릴 수 있는 장점이 있다. 보수라고 해서 나꼼수 스타일의 이런 경쟁력을 눈치 채지 못할까? 스스로 '좌파'임을 밝힌 박가분은 『일베의 사상: 새로운 젊은 우파의 탄생』(2013)에서 온라인 극우파가 결집하는 사이트인 '일베(일간베스트저장소)'를 '우리 편 아니면 적'이라는 진보 좌파의 논리를 극단적으로 확대재생산한 우파로 진단한다.

"일베의 사상은 인터넷을 그들만의 자율적인 공론장으로 전유할 수 있으리라 믿었던 진보 좌파에 대한 반동에서 연유한다. 일베는 본질적으로 진보와 좌파의 증상이다. 진보와 좌파의 존재 방식이

---

27. 최해선·박상훈, 「진보 밖에서 본 진보정당의 문제」, 이창곤·한귀영 엮음, 『18 그리고 19: 18대 대선으로 본 진보개혁의 성찰과 길』(도서출판 밈, 2013), 175쪽.

3.
왜 진보는
'감정'에 무능한가?

바뀌지 않는다면 일베 역시 사라지지 않을 것이다."[28]

일베와 나꼼수를 같은 수준에서 비교한 건 무리가 있기에, 일베는 '나꼼수의 사생아'라는 정도로 정리할 수 있겠다. 문화평론가 최태섭도 "일베는 나꼼수 현상의 거울 반전상이다"라고 말한다. 일베와 나꼼수는 닮은꼴이며, 나꼼수가 자신의 정체성과 일치한다고 보는 '민주화세력'을 일베 이용자는 '적'으로 본다는 것이다. 한윤형도 "나꼼수가 보수정권을 제도권, 기득권으로 상정하고 불신한다면, 일베는 민주화세력이 사실을 왜곡한다고 생각한다"며 "양쪽 다 음모론적 가설에 기대 환상을 보고 있다"고 말한다.[29]

박가분도 지적했지만, 일베의 태동 근거는 진보 좌파가 '오버'했던 2008년 촛불시위다. 진보좌파의 성찰을 위해서도 촛불시위는 다시 음미해볼 필요가 있다. 이 시위에서 두드러지게 나타난 일부 진보 좌파의 과욕 또는 가벼움이 진보 좌파의 책임윤리에 대한 의구심 촉발과 더불어 촛불을 소멸케 하는 결과를 초래했기 때문이다.[30]

28. 박가분, 『일베의 사상: 새로운 젊은 우파의 탄생』(오월의봄, 2013), 19쪽.
29. 이효상, 「['일베 현상'에서 한국 사회를 본다] '일베'와 '나꼼수', 주의·주장에 기반한 "유희"…대중의 반응·인식은 극과 극」, 『경향신문』, 2013년 6월 4일. 이어 이 기사는 이렇게 말한다. "그러나 일베와 나꼼수는 상식적으로 볼 때 '같은 편'이라 생각되는 인사를 비판한 적도 있다. 일베 이용자들은 대표적 보수논객인 '조갑제 닷컴'의 조갑제 대표를 '종북'이라 비난했고, 나꼼수 지지자들은 진보논객인 진중권 동양대 교수를 '질투의 화신'이라 비난했다. 조 대표는 5·18광주민주화운동 당시 북한군이 개입했다는 일베의 주장을 근거없는 것이라 비판했고, 진 교수는 후보자 매수 혐의로 검찰에 구속기소된 곽노현 전 서울시교육감을 편드는 나꼼수를 편파적이라며 비판했다. 일베나 나꼼수 모두 발언자가 애초 가지고 있던 정치적 성향에 대한 고려 없이 자신들이 규정한 적에 동조하는 행동을 한다면 적일 뿐이다."
30. 이에 대해선 강준만, 『한국현대사산책 2000년대 편: 노무현시대의 명암』(전5권, 인물과사상사, 2011)의 제5권을 참고해주시기 바란다.

촛불시위가 왜 일베의 태동 근거가 되었는가? 자신이 진보에서 일베로 전향한 계기를 촛불시위에서 찾는 한 일베 회원의 말을 들어보는 게 좋겠다. 그는 "광우병사태 당시 나는 광화문에 있었다. 이명박 정권의 시작은 나에게는 악몽같은 일이었다.……광화문과 서울시청광장의 버스정류장과 도로 길바닥에는 시민들의 분노가 표출되어 있었다. 이명박 대통령의 이름은 놀림감처럼 쥐박이가 되었고, 국가가 가지고 있는 공권력을 악의 힘처럼 표현하는 글귀들이 널려 있었다"며 다음과 같이 말한다.

"서울광장은 거의 무법천지였다. 서울광장에 많은 단체들이 있었는데, 반자본주의, 사회주의 국가건설, 쥐박이 탄핵 등 수위가 너무 지나친 표현들이 많았음에도 불구하고, 시민들은 같은 방향성을 가진 동지인 양 분위기를 즐기고 있었다. 사회주의 국가건설이 나의 목표인가? 정체성에 혼돈이 왔다. 저녁 10시가 지나자 주최 측이 주관하는 가두시위가 있었고, 광화문으로 몰려갔다. 신문에서는 분명히 평화적 시위라고 했는데 시위대들이 버스 창문을 깨고 방화를 저지르고 어디서 사다리를 가져와서 전의경들과 다툼을 벌이는 장면을 목격했다. 정말 미친놈들이구나. 내가 선동당했구나. 이게 그들이 국가를 정말로 옳은 방법으로 가게 하기 위한 방법인가? 정말 내 자신이 싫었다. 인터넷의 허위 유포 글에 사기를 당한 기분이었다. 집으로 돌아와 다음 아고라와 여러 커뮤니티 사이트를 보니 '완전히 미친놈들이구나'라는 확신이 들었다. 다음 아고라에 선동당하지 말자, 차분하게 생각하자 등의 말들은 비추천을 먹고 내려갔고, 정신

나간 선동 글만 추천을 받아서 최상위들로 분류되었다. 지금 생각해도 손이 떨린다. 이게 인터넷 좌파들이고 좌파의 본 모습이구나. 선동만 있을 뿐 팩트는 없었다. 표현의 자유만 있을 뿐 책임은 없었다."

"진보였던 나는 왜 일베충이 되었나?"

이어 이 회원은 "좌파들은 스스로를 '자신만이 정의', '깨어 있는 시민', '우파는 수구꼴통'이라는 마인드를 가지고 있기 때문에 반감을 가지게 되었다. 내가 스스로 일베충이 된 것도 이런 반감이 적지 않게 작용하였다. 자신들이 하면 깨어 있는 시민이 되고, 정의가 된다. 내가 하면 수구꼴통이 된다"며 다음과 같이 말한다.

"이제는 역공이다. 괴물의 역공. 지금까지 좌파는 표현의 자유라는 무적의 칼로 어떤 말이든 어떤 글이든 써왔다. 그리고 막을 수가 없었다. 속수무책으로 당하고만 있었다. '심한 표현이다', '도에 지나치다'라는 경고가 있었음에도 불구하고 계속해왔다. 계속 당해왔던 이 공격은 이제 부메랑이 되었다. 당신들이 신성시하는 김대중을 까겠다, 노무현을 까겠다, 민주주의를 까겠다. 너네들의 이중성이 꼴 보기 싫으니까. 똑같은 방법으로 더 악랄하게 그리고 당신들의 무적의 무기인 표현의 자유로 공격하겠다. 이것이 일베 유저들의 마음일 것이다."[31]

물론 일베 유저들의 그런 마음엔 동의하기 어렵다. 그건 자신에게 실연의 상처를 준 이성에게 복수하기 위해 스스로 철저히 타락해버리는 식의 '자해 전략'이라는 생각이 들기 때문이다. 내가 더더욱 용납할 수도 없고 용서할 수 없는 것은 그들의 호남인에 대한 능멸과 저주다.

'누군가를 혐오할 권리'를 내세우는 일베 회원들은 처음에는 전라도의 향토음식인 홍어 특유의 냄새를 풍자하는 글을 올리더니, 이젠 아예 전라도 사람들을 '홍어'로 부르면서 비하하고 모욕한다.[32] 이들은 5·18광주민주화운동을 '홍어무침', '홍어들의 명절'이라고 부르며,[33] 5·18광주민주화운동의 참혹한 주검 사진을 놓고 '배달된 홍어들 포장 완료'라고 희롱하며,[34] 5·18 희생자들의 사진을 가리켜 '홍어 말리는 중'이라는 막말을 올린다.[35] 충격을 받아 쓰러지는 사람까지 나왔지만, 이들은 이런 행태에 대한 비판자들을

31. 2014년 4월, 한 일베 회원이 쓴 「괴물―일베의 역사」라는 자전적 글의 일부이다. 개인적으로 입수한 글인데, 이 회원의 뜻에 따라 익명으로 처리한다.
32. 박가분, 『일베의 사상: 새로운 젊은 우파의 탄생』(오월의봄, 2013), 128쪽; 정원식, 「온라인 극우파 결집 코드는 '혐오'」, 『주간경향』, 제980호(2012년 6월 19일).
33. 최우리, 「욕설과 조롱과 섹드립…맨 정신으로 대화 불가」, 『한겨레』, 2013년 1월 18일; 이재진, 「"혹시 너도?"… '일베충'들을 어찌하오리까: [분석] 일베 현상 문제는 어디 있나… '담론의 장' 시급」, 『미디어오늘』, 2013년 5월 29일.
34. 이항우, 「"종북에 대한 극단적 적대주의가 뿌리…무차별적 혐오·독설 민주사회 괴물로"」, 『한국일보』, 2013년 5월 29일.
35. 정재원, 「일베충? 우습게 보다간 큰 코 다친다!: 러시아 스킨헤드, 일본 넷우익, 그리고 일베」, 『프레시안』, 2013년 4월 23일.

'홍어좌빨'이라 부른다.[36]

일베는 세월호 참사마저 '전라도 죽이기'의 목적으로 이용한다. 『한겨레』2014년 4월 21일자에 실린 「우리를 슬프게 하는 자들」이라는 사설은 "세월호 참사의 희생자 및 가족과 아픔을 나누기는커녕 그들을 모멸하고 이용하는 '참 나쁜 사람들'의 존재는 우리를 슬프게 한다"며 다음과 같이 말한다.

"대표적인 사례가 일간베스트저장소(일베)를 비롯한 몇몇 인터넷 동호인 사이트에 올라온 글들이다. 일베와 디시인사이드 '국내야구갤러리'에는 사망자 가족을 '유족충'이라고 비하하는 글들이 다수 올라와 있다고 한다. 일베에는 이준석 세월호 선장과 선사인 청해진해운을 '전라도인, 전라도 회사'라며 지역감정을 유발하는 허위 글까지 출현했다고 한다. 그러나 이 선장은 부산 출신이고, 청해진해운의 본사는 인천에 있다는 것이다. 그들의 저열함을 욕하기에 앞서 그런 자들을 낳은 우리 사회의 수준이 부끄러울 뿐이다."[37]

36. 서민, 「기생충보다 못한 '일베'」, 『경향신문』, 2013년 6월 7일; 조윤호, 「넷우익은 이미 거리에 있다」, 『미디어오늘』, 2013년 6월 4일.
37. 「사설」우리를 슬프게 하는 자들」, 『한겨레』, 2014년 4월 21일.

일베의 비열한
'호남인 죽이기'

　　박가분은 "그들이 5·18에 대해 조롱과 폭언을 퍼붓는 이유는 5·18이 과도하게 성역화되어 있다고 느끼기 때문"이라고 말한다.[38] 이 분석이 맞다면 그 연장선상에서 호남인에 대한 조롱과 모욕과 폭언도 이루어지는 것일 텐데, 놀랍고도 흥미로운 건 그런 생각이 재일교포에게 조롱과 모욕과 폭언을 퍼붓는 일본 극우 단체의 논리와 똑같다는 점이다. 일본 저널리스트 야스다 고이치의 『거리로 나온 넷우익』(2012)에는 2011년까지 재특회(재일 특권을 용납하지 않는 시민 모임) 간부였던 30대 남성의 이런 증언이 실려 있다.

　　"공격하기 쉬운 목표를 찾은 데 신이 났는지도 모르죠. 재일 조선인은 불쌍한 약자이고 차별해서는 안 된다는 상식에 얽매여왔던 우리에겐 터부를 깨는 쾌감이 있었어요. 비뚤어진 생각일지 모르겠지만, 저 자신도 터부를 깨뜨림으로써 세상의 권위나 권력과 싸우고 있다는 생각을 했습니다.……솔직히 말해 취해 있었어요. 거대한 적과 싸우고 있다는 정의감에 취한 거죠. 지금 생각해보면 왜 재일 코리안을 미워했는지 저도 잘 모르겠습니다."[39]

---

38. 박가분, 『일베의 사상: 새로운 젊은 우파의 탄생』(오월의봄, 2013), 170쪽.
39. 야스다 고이치, 김현욱 옮김, 『거리로 나온 넷우익: 그들은 어떻게 행동하는 보수가 되었는가』(후마니타스, 2012/2013), 198쪽.

일베 역시 '거대한 적과 싸우고 있다는 정의감'에 불타 있는 걸까? 그렇다면, 그건 악성 정신착란精神錯亂이다. 그게 아니라면 강자에 약하고 약자에 강한 비열함이다. 한국에서 지역적 성역이 영남이 아닌 호남이라니, 이 무슨 개 풀 뜯어먹는 소리인가. 일베의 비열한 '호남인 죽이기'를 그대로 방치해도 좋은가? 다른 책에서도 이야기한 바 있지만, 이걸 그대로 두어서는 안 된다. 우리는 표현의 자유를 무한정 보장하는 게 선진국으로 가는 길인 것처럼 생각하는 경향이 있는데, 세계 어느 나라도 한국처럼 인터넷이 혐오와 증오의 악담과 저주로 들끓는 나라는 드물며, 그런 악담과 저주를 한국처럼 내버려두는 나라도 드물다. SNS도 마찬가지다. 2012년 영국에서 일어난 한 사례를 보자.

영국의 스완지대학 생물학도 리엄 스테이시(21)는 3월 17일 영국 FA컵 토트넘 홋스퍼와의 8강전 경기 도중 콩고민주공화국 출신 파브리스 무암바(23·볼턴 원더러스)가 심장마비로 쓰러진 직후 "큰 웃음 주심(LOL·'laughing out loud'의 약자인 인터넷 용어), 빌어먹을 (Fxxx) 무암바, 그가 죽었다"는 글을 트위터에 올렸다. 스테이시는 트위터리안의 비난 글이 잇따르자 "유색인들wogs아, 가서 목화 좀 따 오시지"라고 즉각 응수했다.

왕년의 골잡이 스탠 콜리모어(41)를 비롯한 트위터 이용자들은 이런 사연을 경찰에 신고했고 스테이시는 다음 날 체포되었다. 스완지 법원은 그에게 징역 56일 형을 선고했다. 존 찰스 판사는 "피고인은 생의 끝에서 사투를 벌이는 젊은 선수를 불쾌하고 역겨운 글로 비방하고 인종 모독으로 악화시켰다. 선수의 가족과 축구계뿐 아니라 전 세계가 그의 회복을 염원하는 터라, 공중의 분노를 반영하기 위해선 실형 선고 외에 다른 방법이 없다"고 판시했다. 찰스 판사는 또 "피고인이 취중에 범한 실수고 잘못을 뉘우치고 있다는 사실을 인정하지만 음주를 절제하는 법을 배워야만 한다"고 훈계했다. 학사학위 취득을 위해 마지막 기말시험을 앞두고 있었던 그는 학교에서 정학 조치를 받았고 법의학자가 되려는 꿈을 접어야 할 처지라고 외신이 전했다.[40]

이 판결은 널리 알려진 사건과 관련된 발언이었기에 나온 것이 겠지만, 그렇다 하더라도 56일 형을 선고한 근거는 달라지지 않는다. 특정지역민 모독은 인종모독과 똑같은 '증오 범죄'다. 미국과 유럽은 증오 범죄에 대해 단호하게 대처한다. 표현의 자유 운운하며 방어하는 게 전혀 통하지 않는다. 이런 나라들처럼 문제를 삼기 시작하면, 한국에서 56일 이상 감옥살이를 해야 할 증오 범죄자는 온라인에 득실득실할 정도로 많다. 그들을 다 잡아들일 필요는 없다. 가장 악독한 발언을 한 자를 몇 명 잡아들여 5~6일, 아니 대여섯 시간만 경찰서에 잡아두어도 하루아침에 확 달라진다.

온라인에서 호남인을 모독하는 사람들은 악질적인 인간들이 아니다. 그들 중에는 매우 선한 사람도 많을 것이다. 그들이 그런 못된

---

40. 박영석, 「인종차별 트위터 글 쓴 英 대학생, 2개월 징역형」, 『조선일보』, 2012년 3월 29일.

짓을 저지르는 이유는 단 하나다. 그렇게 해도 괜찮으니까, 게다가 끼리끼리 모인 곳에서 잘했다고 칭찬받으니까 하는 것뿐이다. 홍어를 모독하는 자들에겐 홍어의 매운맛을 보여주어야 한다. 홍어가 너무도 귀해져 진짜 홍어 맛을 볼 수 없는 게 유감이긴 하지만 말이다.

나는 호남인에게 아무런 문제가 없다거나 그들을 비판해선 안 된다는 말을 하는 게 아니다. 호남인들도 비판받을 점이 많다. 5·18 성역화 역시 진보 내부의 엄격한 성찰이 필요하다. 물론 왕성한 비판도 쏟아져나와야 한다. 여기서 내가 하고자 하는 말은 일베의 지금과 같은 비열한 망동을 정당화시켜 줄 정도로 호남인이 잘못한 것은 없으며, 그런 비열한 망동은 일부 일베 회원들의 인간다운 갱생을 위해서라도 단호하게 응징해야 한다는 것이다.

세상을 떠들썩하게 만든 범죄자들 중 호남 출신만 열거해 가면서 호남인의 '범죄인 근성'을 입증하려고 발악하는 식의 호남 모멸은 인간 말종이나 할 수 있는 짓이며, 이런 인간 말종들은 우리 사회에서 법적으로든 도덕적으로든 응징·퇴출당해 마땅하다는 것이 내 주장이다. 우리가 아무리 싸가지와 도덕과 화합을 강조하더라도 분노할 땐 뜨겁게 분노해야 한다는 점에서 '인간 말종' 등과 같은 거친 표현을 썼음을 이해해주시기 바란다.

일베는 '싸가지 없는 진보'의 부메랑

일베의 '호남인 저주'에 새삼 분노가 폭발해 내 지론을 다시 피력하긴 했지만, 내가 이 글에서 던지고자 하는 주요 메시지가 그건 아니다. 일베는 한마음 한뜻으로 뭉친 단일 구성체가 아니기 때문에 일베의 정치적 주장과 '호남인 저주'는 분리해서 볼 필요가 있다. 물론 둘은 상호 무관한 것은 아니지만, '표현의 자유'로 인정할 수 있느냐 하는 점에선 큰 차이가 있기 때문이다. 정치적 주장과 관련해 일베는 진보 좌파가 던진 싸가지 없는 공격의 부메랑이라는 점을 인식하자는 것, 그게 바로 내 메시지다. 한 진보적인 전북대학교 학생도 일베에 대해 이렇게 말한다. "민주화의 성취를 너무 성역화했던 건 아닐까. 2000년대 초반 인터넷이 보급되던 시기에 진보세력들이 보수세력에 대해 조롱하고 꼰대로 만들었던 그 언어가 고스란히 되돌아온 것 같기도."[41]

나 역시 누구 못지않게 일베에 대해 비판적이긴 하지만, "그들은 왜 그럴까?"라는 물음에 대한 고민이 없는 일베 비판엔 동의하지 못할 때가 많다. 이상한 유형의 동병상련同病相憐이긴 하지만, 나는 2003년 민주당 분당 때 분당에 반대한다는 이유로 분당 잔성론자들

---

41. 2014년 8월, 비정규 과목으로 매주 목요일에 하는 나의 '글쓰기 특강'에 제출된 한 학생의 글인데, 학생의 뜻에 따라 익명으로 처리한다.

3.
왜 진보는
'감정'에 무능한가?

에게 호된 비난을 받았던 경험이 있기에 일베의 탄생 동력만큼은 이해하는 편이다.

당시 비난을 받을 때는 쓰렸지만 나는 그때의 경험을 내 인생의 축복으로 여긴다. 내 눈을 활짝 뜨이게 만들어준 결정적 계기였기 때문이다. 나에 대한 비난을 통해 그간 내가 보지 못했던 내 얼굴을 볼 수 있었기 때문이다. 말이 좋아 비난이지, 그건 사실상 악담과 저주 그 자체였다. 심지어 "저들은 악마가 아닌가?" 하는 생각이 들 정도로 일부 비난은 정말 징그러웠다.

나는 그들의 단죄에 의해 하루아침에 '수구꼴통'이 되어버렸다. 민주당 분당은 진보적 개혁인데, 그걸 반대하니 수구꼴통이라는 논리였다. 어제까지도 나를 같은 편이라고 찬양하던 그들이 민주당 분당에 반대한다는 이유만으로(물론 그 반대엔 당연히 노무현 비판이 포함되었다), 나를 수구꼴통으로 만들다니! 나는 그제서야 그간 내가 방관하거나 외면했던 우리 편의 언어폭력에 대해 눈을 뜰 수 있었다.

인터넷에서 조금이라도 보수적 정치 성향을 드러내는 사람은 자칭 진보 네티즌들에게 인간 취급을 받지 못한다. 그런 식으로 모멸을 당한 사람들이 하나둘이 아니다. 그간 이와 관련된 수많은 증언이 쏟아져나왔다. 그런 사람들이 늘어나면서 그들의 불만과 분노도 축적되어 갔고, 이게 바로 일베 탄생의 동력이 된 셈이다.

오프라인 세계가 어떠하든, 젊은층 우위인 온라인 세계에서는 여전히 진보가 우위다. 그간 보수도 이를 갈고 사이버 파워를 키워오긴 했지만, 자기를 드러내는 존재 방식에서 나꼼수와 일베의 차이가 있듯이, 목소리를 당당하고 크게 내는 쪽은 진보다. 한 전북대학교 신문방송학과 노유리는 진보가 참패한 7·30 재보궐 선거에 대해 쓴 글에서 "놀라운 사실은 인터넷 기사나 커뮤니티 댓글만 본다면 한국 유권자들은 모두 진보로 보인다는 점이다"며 다음과 같이 말한다.

"얼마 전 눈에 띄는 댓글 하나를 보았다. 정치 관련 글에 달린 댓글이었는데 내용은 대략 이랬다. '여기는 보수라고 말만 꺼내면 너 일베구나 하고 잡아먹으려고 한다. 그러니 무슨 의견을 제시할 수가 있나.' 설문지를 돌리며 만났던 아저씨도 그랬다. 신문방송학도라고 소개하자마자 이번에도 야당의 전략은 틀렸다며 저러니까 안 되는 거라며 젊은 너희들 탓이 크다고 나를 몰아세웠다(7·30 재보궐 선거 전이다). 한때 운동권에 있던 자신이 보기에 너무나도 답답하다며 진보를 향한 욕을 늘어놓기 시작했다. 물론 중간중간 무언의 눈빛으로 나에게 동의와 리액션을 요구했다. 진보를 믿지 않는 진보, 극단으로 가는 진보의 언행이 사람들에게 좋은 인상을 끼칠 리 없다. 같은 편도 지지하지 않는 진보를 진보도 보수도 아닌 중간층이 신뢰할 수 있겠는가 말이다."[42]

'싸가지 없는 진보'의 행태는 오프라인 세계의 대인관계에서도 나타난다. 한 전북대학교 학생은 자신이 친했던 진보적 친구와 멀어지게 된 이유에 대해 글을 썼다. 「나는 왜 그 친구와 멀어지게 됐을

---

42. 2014년 8월, 비정규 과목으로 매주 목요일에 하는 나의 '글쓰기 특강'에 제출된 글이다.

까」라는 글이다. 이 학생은 "'진보도 반성해야 한다' 는 화두에 대해 우리는 공통적인 전제가 있었다. 진보라는 이념에만 몰두하기보다 이성적인 논증을 통해 사안별로 검토해봐야 한다는 거였다. 하지만 이건 어디까지나 전제일 뿐, 이게 어떻게 적용될지는 별개의 문제였다" 며 다음과 같이 말한다.

"두 달간 공장에서 일해본 경험을 가지고 상관도 없는 문제들에까지 무슨 이데아라도 보고 나온 사람마냥 인식론적 우월성을 과시하는 게 아닌가. 그 인식론적 우월성을 토대로 사람들을 평가하려 들 때는 더 듣기 힘들었다. 나한텐 칭찬을 많이 해줬지만, 그 사탕발림에 끔벅 죽는 나도 이내 불편해졌다. 너만은 이성적으로 세계를 신중히 들여다볼 줄 안다는 식으로 말하는 데서 일종의 선민의식이 느껴졌기 때문이다. '너' 라고 말하지만, 결국 자신을 가리키는 말 같았다. 이성적인 사유를 하기 위해 '노력' 은 해야겠지만, 정말 엄청난 노력이 필요하겠다는 생각이 그 친구 덕에 들었다.……야당도 다를 게 없다. '문창극 총리 후보가 친일파라는 데 동의하지 않으면 네가 친일파임을 증명하는 셈이야' 라는 식의 논리를 구사한다. '우물에 독 뿌리는 오류' 다. 그 친구와 같이 고민하고 또 싸우면서 느낀 건 '진보도 반성해야 한다' 는 말을 할 때조차 진보의 오만이 비껴가질 않는다는 점이었다. 오만함을 단순히 인사 공손히 하고, 말씨 부드럽게 쓰면 고칠 수 있는 것으로 여기는 듯도 하다."[43]

인격 없는 이념은
쓰레기

'싸가지 있는 진보'를 실천하기 위해 가장 필요한 건 바로 역지사지易地思之다. '싸가지 없는 보수'의 모습을 보면서 느꼈던 역겨움 같은 게 있었다면, 그게 곧 내 모습일 수도 있다는 상상력을 발휘할 수 있어야 한다는 것이다.

예컨대, 극우논객 조갑제는 7·30 재보선 결과와 관련해 "박근혜 대통령의 가장 든든한 방패는 새정치민주연합"이라고 했다. "대통령의 실정에 실망하고 분노하는 이들이 아무리 비판의 화살을 날려도 이 화살은 비행 도중 스스로 궤도를 수정, 대통령보다 더 잘 못하는 새정치연합으로 가서 꽂힌다. 그래서 이 방패는 대통령과 새누리당의 개혁을 막는 역할도 한다. 약藥이 아니라 독毒이다."[44]

민주당에 대한 이 이상의 조롱이 가능할까? 그는 노무현-김정일 회담 대화록 문제와 관련해 "존재 자체가 소름끼치는 민주당"이라거나 "국가와 국군國軍의 등에 칼을 꽂는 민주당 세력"이라고 했는데,[45] 이런 말을 듣는 기분이 어떤가? "북한노동당이 거짓말 챔피언

43. 2014년 8월, 비정규 과목으로 매주 목요일에 하는 나의 '글쓰기 특강'에 제출된 한 학생의 글인데, 학생의 뜻에 따라 익명으로 처리한다.
44. 「조갑제 "박 대통령보다 못한 새정치연합, 든든한 방패"」, 『경향신문』, 2014년 8월 8일.
45. 조갑제, 「[조갑제 칼럼] 거짓말을 해도 성의 없이 하는…존재 자체가 소름끼치는 민주당」, 『뉴데일리』, 2013년 10월 19일.

이고 민주당은 은메달감"이라고 봐준 것에 안도해야 할까? 새누리 당과 그 지지자들에게 이런 수준의 독설이나 악담을 퍼부은 적은 없었는지, 성찰해볼 필요가 있지 않을까?

성공회대학교 교수 한홍구는 『한겨레21』 2005년 1월 11일자에 기고한 「뉴라이트는 '품성'을 갖춰라」라는 글에서 "20대 때는 잘 몰랐지만, 나이 40을 넘고 보니 새롭게 보이는 것도 있다"며 다음과 같이 말했다.

"전에는 사상과 이념으로 사람을 따졌는데, 그게 다가 아니고 이념과는 전혀 기준이 다른 사람됨이라는 게 있다. 좌파 중에도 절대로 상종하기 싫은 인간이 있는가 하면, 생각은 보수적이지만 도저한 인품에 절로 고개가 숙여지는 우파도 있다. 자신들이야말로 지금도 진짜 주체사상파라고 우기는 뉴라이트들을 위해 주체사상의 용어를 빌려 표현한다면 '품성'이 중요한 것이다. 뉴라이트들이 옛 동료들을 향해 사상 고백을 하라고 을러대는 모습을 보면서 정말 품성이 중요하다는 것을 느끼게 된다. 지금 뉴라이트 문제, 이는 이념의 문제가 아니다. 주체사상 식으로 얘기하면 품성의 문제이고, 우리의 일상의 말로 바꾼다면 '싸가지' 문제일 뿐이다."[46]

또 『한겨레』 논설위원 김영철은 2005년 1월 20일자에 쓴 「진보와 '민중 딴따라'」라는 칼럼에서 "먼저 고백할 게 있다. 욕을 좀 먹

46. 한홍구, 「뉴라이트는 '품성'을 갖춰라」, 『한겨레21』, 2005년 1월 14일.

을 수도 있겠다 싶은데, 그래도 어쩔 수 없다. 언제부턴지 나는 내로라하는 우리 사회의 진보 혹은 좌파 지식인들의 글을 읽지 않는다. 더러 눈길이 가기도 하지만, 왈칵 가슴에 다가오지 않는다. 어떨 때는 속이 좀 메스껍기도 하고, 심지어 부아가 치미는 경우도 있다. 한 이삼 년 된 것 같은데, 요즘도 영 나아질 기미가 없다"고 털어놓았다. 그는 자신이 사람 냄새가 물씬 묻어나는 민중문화 운동을 했던 '민중 딴따라' 출신임을 밝히면서 다음과 같이 말했다.

"따지고 보면, 내가 진보 논객들의 글 자체를 멀리했던 건 아니다. 글 자체보다 글이 풍기는, 때론 앙상하고, 더러는 강퍅한, 그런 분위기가 싫다. 나는 그들, 특히 젊은 논객들의 글에 삶의 냄새가 묻어나지 않는 게 영 마음에 들지 않는다. 때로는 사람살이의 너른 지평은 뒷전이고, 곽곽한 산수식 논리가 전면에 흐르는 것 같아 위험해 보인다. 역시 딴따라 출신인 탓인지, 눈물이 없는 메마른 이론, 감정이 너무 절제된 창백한 논리가 부담스럽기도 하다. 머리는 진보의 적을 정조준하면서도, 과녁을 보는 눈에는 피가 흐르지 않는 것 같아 안타까울 때도 있다. 논객은 논객으로서의 엄정한 과학성으로 무장해야 한다. 고도로 정제된 치밀한 이론도 필요하다. 하지만 사람 잘 살게 하자는 과학이고, 사회를 바꾸고 진보시키자는 이론일 터이다. 아무리 엄밀성을 요구하는 과학이고 이론이라지만, 사람이 더불어 사는 사회를 위한 것이라면, 사람 냄새가 깃들지 말라는 법이 없다."

한홍구와 김영철의 생각에 전적으로 공감한다. 우리가 정치 분야에서 인격을 홀대하는 데는 한 세대에 걸친 독재와 반독재투쟁의 상흔이 자리 잡고 있다. 독재정권이 반독재투쟁을 비난한 수법 중의 하나가 '수신제가修身齊家' 이데올로기였다. 제 앞가림도 못하는 데다 인간적 흠이 많은 주제에 무슨 민주화운동을 하느냐는 선전 공세를 편 것이다. 그 좋은 말이 그런 용도로 오·남용되었다는 게 기가 막히지만, 더욱 비극적인 건 그런 공세에 대한 반작용으로 인해 생겨난 이념과 인격의 분리 현상이다.

이념과 인격에 모두 충실한 사람도 많겠지만, 이념에 투철할수록 인격은 엉망인 사람도 많다. 부실한 인격을 이념적 전투성으로 보완하려는 탓이다. 이런 사람들이 어느 이념 진영에서든 강경파 노릇을 하면서 진영 내 주도권을 행사하려는 경향이 있다.

이념에는 사람들의 열광과 미혹을 가능케 하는 힘이 있다. 정치 노선도 마찬가지다. 그것이 의인화·개인화되어 정치적 '빠' 문화로 발전하면, 그 '빠'의 대상 인물이 행사하는 권력을 대리만족하고자 하는 참여자들의 '권력감정' 욕구가 발생해 원래의 선의는 실종되고 거의 종교적인 성격을 갖게 된다.[47] 그 결과 누구의 신앙이 더 강한가 하는 경쟁이 시작되고, 그 경쟁의 와중에서 인격은 부실할수록 좋은 기이한 현상이 나타나게 된다.

---

47. 막스 베버(Max Weber, 1864~1920)는 권력감정을 "사람들에게 영향력을 갖고 있다는 의식, 사람들을 지배하는 권력에 참여하고 있다는 의식, 역사적으로 중요한 사건의 신경의 줄 하나를 손에 쥐고 있다는 감정"이라고 정의하면서, 형식상으로는 보잘것없는 지위에 있는 경우에도 일상생활을 초극(超克)하게 할 수 있는 힘이 바로 권력감정에서 나온다고 말한 바 있다. 막스 베버, 이상률 옮김, 『직업으로서의 학문/직업으로서의 정치』(문예출판사, 1994), 125쪽.

인격은 보여주기 어렵거니와 오랜 시간을 두고 나타나는 것이기 때문에 사람들을 열광케 하지 못한다. 관심조차 끌기 어렵다. 보통 사람들은 사회적 공인의 인격을 알 길도 없다. 바로 여기서 인격을 사적私的 문제로만 간주하는 언론 보도의 문제가 대두된다.

예컨대, 겉으론 대단히 개혁적으로 보이지만, 자신의 출세와 인정욕구 충족을 위해 수단과 방법을 가리지 않는 '탐욕스러운 기회주의자'가 있다고 가정해보자. 기자는 그 이중성을 잘 알더라도 기사화하지 못한다. 사적인 술자리에서만 발설할 뿐이다. 한국 저널리즘의 오랜 전통이기 때문이다. 과연 이대로 좋은가? 한국 엘리트에게 자기 성찰·책임윤리·'노블레스 오블리주' 등이 거의 없거나 약한게 그런 관행과 무관할까?

인격은 그릇이다. 깨진 그릇에 담기는 음식은 줄줄 새기 마련이다. 부실한 인격을 가진 사람들이 개혁을 외칠수록 오히려 개혁을 망치는 일도 벌어질 수 있다. 실천을 위해 극단적 어법을 쓰자면, 인격 없는 이념은 쓰레기라고 해도 좋겠다. 절박한 시절도 지났으니 이제는 인격에 대해 말할 때가 되었다. 그건 기존 진영 의식에 대한 성찰이 있을 때에만 가능하다. 진영 내부에서 인격을 중요하게 여기는 풍토를 만들어야 한다. 이념과 인격이 함께 사이좋게 손을 잡고 가는 모습을 보고 싶다.

제4장

왜 '심판'이 진보를 골병들게 만드는가?

정치를 대체한 '증오 상업주의'

절망의 폭발을 가져온
세월호 참사

우리는 세월호 참사를 겪으면서 수많은 절망의 지옥문을 통과했다. 절망은 희망을 압도했으며, 지금까지도 그러하다. 세월호 참사는 한 번으로 끝난 절망이 아니었다. 5단계에 걸친 점증적 타격이 가해진 절망의 폭발이었다.

첫째, 우리는 세월호의 선주, 선장, 선원들이 사람의 생명을 돈보다 가볍게 여겼으며, 감독기관의 관련자들도 그들과 다를 바 없는 사람이라는 사실에 절망했다. 그간 전혀 몰랐던 사실인가? 아니다. 우리는 어렴풋하게나마 알고 있었다. 전혀 몰랐던 사실이 새로 드러났다면 우리는 경악했을지언정 절망하진 않았을 것이다. 절망은 '설마'가 '역시'로 확인될 때에, 즉 그 어떤 희망의 가능성에 대한 기대가 부질없는 것임을 깨달았을 때에 절정에 이르는 법이다.

둘째, 우리는 사고 이후 해양경찰을 비롯한 관계당국의 자세와 대응에 절망했다. 이것이 국가란 말인가? 우리는 그런 의문을 곱씹으면서 우리 사회가 형식과 포장은 그럴듯할망정 실제로는 '만인에 대한 만인의 뜯어먹기' 체제에 불과한 것일 수 있다는 점에 전율을 느껴야 했다. 이 또한 우리가 전혀 몰랐던 사실은 아니다. 우리는 그간 "이 세상에 믿을 수 있는 건 나와 내 가족뿐"이라는 문법에 충실한 각개약진형 삶을 살아오지 않았던가. 그렇지만, 대부분 우리는 나와 내 가족만을 위해 살망정 받은 만큼 돌려준다는 최소한의 상거래 질서와 상도덕만큼은 지키면서 살아왔다. 개인적 영역에 존재하는 그런 기본 이치가 공적 영역엔 존재하지 않더라는 걸 수없이 확인하고 확인할 때에 우리에게 남은 건 절망 이외에 무엇이란 말인가.

셋째, 우리는 공적 영역을 총체적으로 관장하는 정부, 대통령을 비롯한 관련 책임자들의 무능과 언행에 절망했다. 정부는 사고 직후 정부라고 하기에도 민망할 정도로 '갈팡질팡 · 오락가락 · 우왕좌왕 · 허둥지둥' 하는 모습을 보였을 뿐만 아니라 스스로 '공감 능력 부재'마저 입증해 보임으로써 "이것이 국가란 말인가?"라는 의문을 "이것은 국가가 아니다!"라는 확신으로 바꿔주려고 애쓰는 듯 보였다. 아, 저들은 딴 세상에 살고 있는 사람들이란 말인가? 이런 의문이 우리를 절망의 늪으로 더욱 깊숙이 끌고 들어가지 않았던가.

넷째, 우리는 '공감 능력 부재'의 수준을 넘어, 유가족들이 이 모든 절망에 굴복하지 않고 드러낸 분노의 절규와 이에 대한 국민적 공감을 미개한 작태로 보는 사람들이 우리 사회에 적잖이 존재한다는 사실에 절망했다. 세월호 참사에 대한 국민적 분노를 국민통제와 정략적 관점에서만 이해하고 우려하는 망언들이 속출한 것 역시 우리를 절망케 했다. 우리가 그들과 같은 국민으로 불러야 한단 말인가? 이들이 화합을 추구해야 할 공동체의 성원이란 말인가? 이런 의문에 절망 이외의 어떤 것으로 답할 수 있단 말인가.

다섯째, 우리는 세월호 참사가 일어난 지 49일 만에 치러진 6·4 지방선거를 통해 이 모든 절망에서 벗어나야 할 당위를 실현할 정치적 주체가 존재하지 않는다는 사실에 절망했다. "세월호 심판이 살린 야당"이라는 진단이 말해주듯이,[1] 정당한 응징을 할 수 있는 정치적 주체는 존재하지 않았다. 정부여당의 반대편 세력도 더 나을 게 없다는 인식이 얼마나 타당하든, 우리를 괴롭히는 절망이 정치적으로는 해결될 수 없다는 이 명백한 현실은 '편 가르기' 또는 '이권투쟁 利權鬪爭'이 우리 사회의 최상위 가치로 군림하고 있다는 사실을 말해준다. 일부 식자들은 모두 다 거리로 뛰쳐나갈 것을 호소했지만, 거리라고 해서 그런 당파적 투쟁에서 자유로울 수는 없다는 사실, 이게 우리를 짓누르고 있는 최종적인 절망이다.

---

1. 이세영, 「단단한 보수…세월호 심판이 살린 야당」, 『한겨레』, 2014년 6월 6일.

'심판'으로
먹고살려는 민주당

　　　　　　　　　'세월호 심판'은 6·4 지방선거로 종언
을 고했던 걸까? 7·30 재보선은 '세월호 심판'을 외면했다. 왜 그
랬을까? 어찌 그럴 수가 있을까? 미국 경제학자 존 케네스 갤브레이
스John Kenneth Galbraith, 1908~2006는 "정치는 가능성의 예술이 아니다. 정
치는 참혹한 것과 불쾌한 것 중에서 선택하는 것이다"라고 했다.[2] 그
가 이 말을 한 의도와 무관하게, '참혹한 것'과 '불쾌한 것'의 대비
는 우리에게 시사하는 바가 있다.

　　자신과의 근접성 기준으로 따진다면, '참혹한 것'은 멀리 떨어
져 있는 반면 '불쾌한 것'은 가까이 붙어 있다. 유권자들은 '참혹한
것'보다는 '불쾌한 것'에 큰 반감을 보인 게 아니었을까? 수많은 결
함이 있지만 우리가 여전히 신봉하는 민주주의가 디지털 시대의 도
래와 함께 날이 갈수록 '소비자 민주주의'로 변하고 있는 점도 눈여
겨볼 필요가 있다.[3]

　　인터넷과 SNS의 시대엔 이른바 '친근한 세상 신드롬friendly world
syndrome'이 문제가 된다. 이와 관련, 미국의 온라인 정치시민단체 '무
브온'의 이사장인 엘리 패리저Eli Pariser는 2011년에 출간한 『생각 소

---

2. 김부겸·고기석, 『캠페인 전쟁, 2012』(폴리테이아, 2011), 19쪽.
3. Jean Bethke Elshtain, 『Democracy on Trial』(New York: Basic Books, 1995), pp.27~30.

종자들The Filter Bubble』에서 "페이스북이 '중요해요' 대신에 '좋아요'를 선택한 것은 의미심장한 결정이다. 페이스북에서 가장 관심을 끄는 이야기는 가장 많은 '좋아요'를 얻은 이야기이다. 그리고 그 이야기는 가장 좋아할 만한 것이기도 하다. 페이스북은 멸균된 친근한 세상을 지향하는 유일한 필터링 서비스는 아니다"며 다음과 같이 말한다.

"친근한 세상 신드롬의 효과 중 아주 곤란한 것 중의 하나는 중요한 공공적 문제가 사라져버린다는 것이다. 일반적으로 무미건조하고 복잡하고 천천히 진행되는 문제들은 아주 중요한 안건들인데도 별로 눈길을 끌지 못한다. 홈리스에 대한 정보를 찾는 사람은 거의 없고, 공유하지도 않는다. 지금까지는 뉴스를 편집하는 사람들의 손에 의해 이런 문제들이 조명되었지만, 이제 편집인들의 영향력은 줄어들고 있다."[4]

민주당은 그런 문명사적 변화까지 몸소 막아보겠다는 야심을 품었던 걸까? 언론이 제 기능을 못하니 언론 역할도 도맡아 하겠다는 것이었을까? 누구나 다 인정하겠지만, 민주당의 단골 메뉴는 늘 '심판'이었다. 보수정권하에서 너무도 어이없는 일이 많이 벌어졌기 때문에 일견 타당한 노선이지만, 잘 생각해보면 그게 바로 함정이다. "때리는 시어미보다 말리는 시누이가 더 밉다"는 상황이 민주당

4. 엘리 패리저(Eli Pariser), 이현숙 · 이정태 옮김, 『생각 조종자들』(알키, 2011), 201~203쪽.

에 대한 시민들의 일반 정서임을 어이하랴.[5]

심판을 받아 마땅한 사람들이 미안해하는 표정조차 짓지 않은 채 오만불손하게 적반하장賊反荷杖을 일삼는다면 열이 날 수밖에 없다. 그렇게 나온 열을 발산하는 과정에서 '싸가지 없는 진보'가 만들어지니, 이거 참 기가 막힐 노릇이다.

앞서 소개했던, 좌파 진보정당 미디어인 『레디앙』에 게재된 「'싸가지' 없는 야권, 새누리당 읍소 전략에 밀려: 진보정당 청년당원들의 6·4 지방선거 평가」에 나오는 다음과 같은 평가를 다시 음미해보자.

"새누리당의 능력이라는 건 사람들에게 감정적으로 잘 다가간다는 것이다. 어떻게 보면 야권은 중도층에게 잘 어필하지 못한 채 '싸가지 없는 진보'의 모습이 있었던 것 같다. 나 역시 '왜 저렇게까지 하지'라고 생각할 정도의 행보가 있었다. 새누리당 지지자 옆에서 조롱하거나 대통령의 악수를 거부하는 것도 그렇고. 진보 진영 안에서는 통쾌하다는 반응이지만 중간층이나 보수층에서는 싸가지 없게 보여진 것 같다. 반면 새누리당은 감성을 자극해서 보수층을 투표소로 향하게 하는 게 있는 것 같다.……민주당 전술은 딱 하나인 것 같다. 바로 인질극. '얘네 싫지? 그러면 날 뽑아'이거다. 칼 들이대고 인질극 하는데 그런 방식이 통하냐는 것이다. 이회창 나올

---

5. 이명원, 「연극은 끝났다」, 『한겨레』, 2014년 7월 22일.

때는 이회창 심판해야 한다고 하고, 이명박 심판, 박근혜 심판, 어쩌라는 건지. 유권자들 입장에서 질릴 만하다.……선거판을 짜는 사람들이 굉장히 무능력하고 오히려 그냥 테러리스트같다. 할 줄 아는 게 인질극밖에 없는."[6]

물론 이 주장에 흔쾌히 동의하긴 어렵다. 너무 거칠다. 거칠지만, 좌파들도 민주당의 '심판' 타령에 짜증을 내고 있다는 걸 말해주는 데엔 부족함이 없다. 좌파만 그러는 게 아니다. '11대 4'라는 참패를 당한 7·30 재보궐 선거 결과의 원인 중 하나도 민주당의 '정권 심판론'이었다. 리얼미터가 7월 31일 실시한 여론조사에서 응답자의 46퍼센트는 야당의 참패를 '세월호 참사 심판론, 정권 심판론에 기댄 야당의 잘못된 선거전략 때문'이라고 답했다.[7] 정치평론가 이종훈은 "야당은 2012년 총선 이후 정권 심판론만 앵무새처럼 외치고 있다"며 "자신들이 무엇을 하겠다는 것인지 유권자들은 도통 알 수가 없다"고 말했다.[8]

민주당 지지자들조차 남발되는 '심판' 타령에 염증을 내고 있다. 한 전북대학교 학생은 "처음으로 정치에 대해 관심을 가진 기억은 '17대 대선'이었다. 당시 수능을 열심히 망치고, 자취방 바닥에

6. 장여진, 「'싸가지' 없는 야권, 새누리당 읍소 전략에 밀려: 진보정당 청년당원들의 6·4 지방선거 평가」, 『레디앙』, 2014년 6월 16일.
7. 구혜영, 「[민심은 왜 야당을 버렸나] 진보·개혁 깃발도 선거 때만 되면 '우향우' 정체성 오락가락」, 『경향신문』, 2014년 8월 4일.
8. 정승임·허경주, 「"계파 갈등·정권 심판론 지겹다…대개조 없인 내일도 없다": '위기의 야당' 전문가 쓴소리」, 『한국일보』, 2014년 8월 1일.

누워 시간을 죽이고 있었을 때였다"며 다음과 같이 말한다.

"자취방이 시장 근처에 있던 터라, 대선운동을 하러 사람들이 많이 붐볐는데, 그 많은 대선후보 유세차량에서 들었던 인물은 당시 이명박 후보밖에 없었다. 심지어 상대 후보이면서, 전주에 큰 영향력을 가진 정동영 후보의 유세차량에서도 본인 이름보다 이명박을 더 외쳤다. 결국 이명박 후보에 대해서는 장단점을 모두 알 수 있었고, 정동영 후보에 대해서 알 수 있는 것은 '이 사람은 이명박을 싫어한다' 뿐이었다. 수년이 지난 지금도 대선, 총선, 지방선거에서 진보진영의 선거방법은 달라지지 않았고, 결과 역시 달라지지 않았다. 진보 진영의 '정권 심판'이라는 선거 슬로건은 보수의 선거프레임을 깰 수 없는 뽕망치다."[9]

민주당의 '터널 비전'

나는 '심판'이 효과가 없을 뿐만 아니라 진보를 골병들게 만든다고 생각한다. 정권 심판론에만 의지하다 보면 독자적인 의제 설정이나 정책 생산 능력을 잃어버리는 것도 문제지만, 심판

---

9. 2014년 7월, 비정규 과목으로 매주 목요일에 하는 나의 '글쓰기 특강'에 제출된 한 학생의 글인데, 학생의 뜻에 따라 익명으로 처리한다.

을 외치는 와중에서 싸가지의 문제가 불거질 수밖에 없기 때문이다.

무엇보다도 민주당의 '심판'은 반대편만을 향할 뿐 자신들에겐 적용되지 않는 마법의 주문이다. 18대 대선 민주당 경선에서 문재인은 "노무현 정부는 총체적 성공"이라는 자평을 내놓았다. 심판의 대상은 오직 '이명박 정부'와 '독재자의 딸'이었을 뿐이다.[10] 민주당 내부에서야 그렇게 보는 것이 진리였을망정, 유권자들은 그렇게 생각하지 않았고, 그래서 결국 패배했다. 문제는 이것이다. 민주당이 언제 단 한 번이라도 자신에 대한 심판, 즉 성찰을 해본 적이 있는가 하는 것이다. 유권자들은 그런 적이 없다고 생각하고, 그래서 민주당을 '왕싸가지'라고 생각한다.

선의의 해석을 해보자면, 민주당은 갈등 상황에서 몰입이 초래하기 마련인 '터널 비전tunnel vision'의 함정에 빠져 있다. '터널 시야'라고도 하는 '터널 비전'은 터널 속으로 들어갔을 때 터널 안만 보이고 터널 밖은 보이지 않는 것처럼 주변을 보지 못한 채 시야가 극도로 좁아지는 현상을 뜻한다.[11]

몰입은 축복일 수 있다. 자연, 사물, 일 등에 몰입하는 것만큼 재미있고 유익한 게 또 있을까. 그러나 인간관계에서 몰입은 축복일 수 있지만 재앙일 수도 있다. 스토킹은 바로 몰입의 산물이다. 인터

10. 김윤태, 「50대 보수화가 대선을 결정했는가?: 세대 동원의 전략적 오류」, 이창곤 · 한귀영 엮음, 『18 그리고 19: 18대 대선으로 본 진보개혁의 성찰과 길』(도서출판 밈, 2013), 78쪽.
11. 「Tunnel vision」, 『Wikipedia』.

넷 시대의 '빠' 문화와 '까' 문화도 마찬가지다. 특히 갈등 상황에서 몰입은 자해自害를 초래하는 매우 위험한 결과를 낳을 수도 있다. 몰입은 무엇보다도 균형 감각을 잃게 만들기 때문이다.

미국 하버드대학 경영대학원 교수 디팩 맬호트라Deepak Malhotra와 맥스 베이저먼Max H. Bazerman은 『협상 천재Negotiation Genius』(2007)에서 '경쟁의식 각성competitive arousal' 과 그에 따른 '비합리적 몰입 강화 nonrational escalation of commitment' 의 문제점을 지적한다. 경쟁의식을 높이는 상호작용은 당사자들에게 "어떤 희생을 치르더라도 이기고 말겠다"는 욕구를 불러일으켜 결국 자해自害로 이어질 수 있다는 이야기다.

"현실 세계에서는 비합리적 몰입 강화가 자주 일어난다. 양육권 싸움, 파업, 합작사업 청산, 입찰경쟁, 소송, 가격전쟁, 인종갈등, 그밖의 수많은 분쟁들이 순식간에 통제할 수 없는 상황으로 치달을 가능성을 내포하고 있다. 모든 강화 요인들, 즉 승리에 대한 희망과 초기 전략을 정당화하고자 하는 욕구, 상대방을 이기고자 하는 욕망 등이 결합하면 종종 상식은 저 멀리로 날아가 버린다."[12]

물론 몰입에 의한 터널 비전이 나쁘기만 한 건 아니다. 지식인은 자신의 연구 주제에 대해 터널 비전을 가질 때에 큰 업적을 이룰 수 있다. 예컨대, 『침묵의 봄Silent Spring』(1962)이란 불후의 명작을 쓴

---

12. 디팩 맬호트라(Deepak Malhotra) · 맥스 베이저먼(Max H. Bazerman), 안진환 옮김, 『협상 천재』 (웅진지식하우스, 2007/2008), 170~171쪽.

4.
왜 '심판'이 진보를
골병들게 만드는가?

환경운동 선구자 레이첼 카슨Rachel Carson, 1907~1964은 복잡한 세계 전체를 제쳐놓고 자기한테 흥미 있는 극히 일부분에만 관심을 기울이는 드문 능력을 가졌다. 옆을 보지 않는 이런 유의 편협한 사고야말로 카슨을 규정하는 중요한 특징이었는데, 바로 그 덕분에 『침묵의 봄』이 탄생할 수 있었다. 그러나 동시에 그런 편협한 시각 때문에 카슨은 나치스 독일을 흠모한 작가 헨리 윌리엄슨Henry W. Williamson, 1895~1977을 추앙하기도 했다.[13]

터널 비전은 지식인 개인에겐 명암明暗이 있겠지만, 사회 전반의 문제를 다루는 정치에선 암暗이 두드러진다. 권력의 속성 때문이다. 아일랜드 트리니티칼리지의 뇌·신경 심리학자인 이언 로버트슨Ian Robertson은 "성공하면 사람이 변한다고들 하는데 맞는 말이다. 권력은 매우 파워풀한 약물이다Power is a very powerful drug. 인간의 뇌에는 '보상 네트워크'라는 것이 있다. 뇌에서 좋은 느낌이 들게 하는 부분이다. 권력을 잡게 되면 이 부분이 작동한다"며 다음과 같이 말한다.

"테스토스테론이란 남성호르몬을 분출시키고, 그것이 도파민이라는 신경전달물질 분출을 촉진해 보상 네트워크를 움직인다. 그래서 사람을 더 과감하고, 모든 일에 긍정적이며, 심한 스트레스를 견디게 한다. 권력은 항우울제다. 또 도파민은 좌뇌 전두엽을 촉진해 권력을 쥔 사람을 좀더 스마트하고, 집중력 있고, 전략적으로 만

13. 김종목, 「[책과 삶] '침묵의 봄'으로 유명한 환경운동 선구자 카슨의 일대기」, 『경향신문』, 2014년 4월 12일.

들어준다. 하지만 지나친 권력은 코카인과 같은 작용을 한다. 중독이 된다는 얘기다. 너무 많은 권력을 가지게 되면, 너무 많은 도파민이 분출된다. 다른 사람에게 공감하지 않고, 실패에 대해 걱정하지 않고, 터널처럼 아주 좁은 시야를 갖게 하며, 오직 목표 달성이란 열매를 향해서만 돌진하게 된다. 인간을 자기애에 빠지게 하고, 오만하게 만든다."[14]

'분노→증오→숭배'의
법칙

권력을 만끽한다는 점에선 보수와 진보의 구분이 없는 법이다. 오승주는 터널 비전을 진보개혁세력의 문제에까지 연결시킨다. "진보개혁세력이 음미할 만한 대표적인 편향은 '무엇에 지나치게 열심히 집중하면 자기도 모르게 눈이 멀게 되는' 현상이다.……혹시 진보개혁세력은 유권자들의 마음을 이해하고 읽어내는 데는 게으르고, 장밋빛 꿈에 부풀었거나 유권자가 공감하지 않는 어떤 가치에 지나치게 몰입하지는 않았을까."[15]

---

14. 최원석, 「[Weekly BIZ] [7 Questions] "권력 잡으면 腦가 변해…터널처럼 시야 좁아져 獨走할 가능성 커져"」, 『조선일보』, 2014년 7월 5일.
15. 오승주, 「유권자가 야속해? 이거 보면 달라진다: 대니얼 카너먼의 '행동경제학'으로 바라본 4·11 총선 결과」, 『오마이뉴스』, 2012년 4월 13일.

주변에서 오랜 기간 싸움을 하는 사람들을 겪어본 적이 있다면, 우리 인간의 균형 감각이 얼마나 취약한가 하는 걸 절감했을 것이다. 다른 모든 면에선 대단히 합리적이고 공정한 사람일지라도 일단 싸움에 휘말려들어 몰입하게 되면 전혀 딴 사람이 된다. 가장 먼저 역지사지易地思之 능력을 잃는다. 상대편의 언행은 무조건 악의적으로 해석한다. 사람이 오랜 싸움을 하면 정신이 피폐해진다는 건 바로 그 점을 두고 하는 말이기도 하다.

이른바 '분노→증오→숭배'의 법칙이란 게 있다. 처음엔 정당한 분노였을지라도 그 정도가 심해지면 증오로 바뀌고 증오가 무르익으면 증오의 대상을 숭배하게 된다. 싸움을 하는 상대편과 관련된 일이라면 그냥 잠자코 넘어갈 수 있는 사소한 일조차 심각하게 받아들이면서 큰 의미를 부여하게 된다. 더욱 중요한 건 그 상대편에 대한 몰입으로 인해 주변의 풍경이 눈에 들어오지 않게 된다는 점이다. 즉, 터널 비전이 작동하는 것이다.

TV토론에서 A가 B의 말을 왜곡했다고 가정해보자. B가 그 왜곡에 몰입하게 되면 진도를 나가기 어려워진다. 시청자는 B의 항변이 타당하다고 인정할망정 B가 느끼는 분노에 공감하지는 않는다. 아니 공감할 수 없게 되어 있다. 시청자가 원하는 건 좋은 내용의 토론이지 토론자들의 인격에 대한 품평이 아니다. 그렇지만 B가 토론 내내 A의 왜곡을 질타하면서 분노하는 모습을 보인다면 시청자는 짜증을 낼 가능성이 높다.

우리는 B가 그런 분노의 와중에서 내놓은 발언의 품질을 공정하게 평가하는 게 옳겠지만, 그건 실제론 기대하기 어려운 일이다. B가 A에 대한 공격에 몰입한 나머지 책임지기 어렵거나 설득력이 떨어지는 발언들을 남발했다면, 더욱 그렇다. 노무현 정권이 집권 말기에 국민적 분노와 조롱을 넘어 아예 무관심의 대상으로 전락하게 된 데엔 바로 그런 의식과 행태의 문제가 도사리고 있었다.

노무현 정권은 강한 개혁 열망을 품고 출발했다는 점을 상기할 필요가 있다. 개혁에 저항할 가능성이 높은 '수구 기득권세력'에 주목하는 건 당연한 일이었다. 문제는 주목의 정도가 너무 강했다는 점이다. 주변을 살피지 못했다. '주변'이라 함은 바로 국민이다. 노무현 정권은 국민이 아니라 야당·보수신문을 상대로 정치·행정을 하는 것처럼 보였다.

싸움이 치열할수록 몰입은 '자기 성찰'을 원천봉쇄한다. 몰입은 상대편에 대한 과대평가로 이어져 상대편의 허물은 크게 보고 자신의 허물은 사소하게 여기는 심리를 낳기 때문이다. 창의성을 발휘하거나 행복을 만끽하기 위해 몰입을 하는 건 바람직하지만, 갈등 상황에서 몰입은 터널 비전을 초래함으로써 매우 위험할 수 있다는 걸 유념할 필요가 있겠다.

나 하나 국회의원
잘 해먹으면 그만인가?

'싸가지 없는 진보'를 만드는 데에 큰 기여를 한 사건들을 살펴보면 한 가지 공통점이 있다. '심판'을 외치는 과정에서 나왔다는 점이다. '심판'의 동력은 분노일진대, 어찌 점잖게 말할 수 있겠는가. 게다가 주로 같은 편의 청중이 몰려든 자리에서라면 그들의 호응을 얻기 위해서라도 '오버'할 수밖에 없다. 이런 일이 자꾸 반복되다 보면, 심판의 당위성에 동의하는 사람들조차 심판 구호에 등을 돌리게 된다. 민주당이 7·30 재보선에서 참패를 당한 결정적 이유도 바로 이것이다.

7·30 재보선에서 새누리당은 위험하다 싶을 정도로 파격적인 경기부양책으로 '경제의 정치화'를 시도한 반면, 민주당 원대대표 박영선은 세월호특별법을 처리 안 해주면 다른 민생법안을 붙잡겠다고 말하는 등 '정치의 경제화'로 대응했는데, 이는 패착이었다. 민주당은 심판에만 집착하느라 민심을 읽지 못했고 어려운 경제 때문에 못 살겠다고 아우성치는 유권자들의 반감을 샀기 때문이다.[16] 박영선이 "(이정현 후보가) 순천에 예산폭탄을 준다는데 그거 마음대로 할 수 있나. 내가 반대할 것"이라며 "(대신 우리 당의) 서갑원 후보를

---

16. 김정하, 「최경환 업어주고 싶은 새누리 "재·보선 숨은 공신"」, 『중앙일보』, 2014년 8월 1일.

국회로 보내주면 찬성할 것"이라고 말한 것도 실언이다.[17]

　　그런 실언은 박영선 개인의 문제가 아니라 민주당의 기본 정서이자 의식이라는 데에 문제의 심각성이 있다. 특히 전남 순천·곡성 보궐선거에서 새누리당 후보 이정현이 당선된 것에 대해 민주당은 쌍수를 들고 반겨야 한다. 물론 겉으로야 애도할망정 속으론 쾌재를 부르면서 그걸 선거구제 개혁의 계기로 삼아야 한다. 특정 정당이 지역의 모든 의석을 독점하는 현행 소선거구제가 사회통합을 저해하는 가장 큰 요인이며, 이는 민주당에 더 불리하다는 걸 깨달아야 한다. 기존 체제를 고수하겠다는 건 '나 하나 국회의원 잘 해먹으면 그만'이라는 생각이 민주당의 지배적 정서라는 걸 말해줄 뿐이다.

　　『경향신문』 정치 에디터 박래용이 이 점을 잘 지적했다. 그는 "이제 선거구제 개혁을 진지하게 논의할 때가 됐다. 중선거구제, 석패율제, 정당명부식 비례대표제 등 해법은 다 나와 있다. 이 중 하나만 있었더라도 김부겸과 이정현은 진작에 미치도록 일하고 싶다는 꿈을 펼칠 수 있었을 것이다. 여러 소수정당이 출현해 다양한 민의를 대표할 수도 있었을 것이다"며 다음과 같이 말한다.

　　"지금과 같은 지역 패권구도를 손보지 않고서는 미래 대한민국으로 나아가기 힘들다. 이를 언제까지나 개인에게 맡겨놓을 수는 없다. 이정현은 큰 식당에 들어가기가 무서웠다고 한다. 김부겸은 면

---

17. 「[사설] 순천서 벌어지는 저급한 '예산폭탄' 논쟁」, 『중앙일보』, 2014년 7월 28일.

전에서 명함이 찢기는 수모를 당했다. 온몸이 시퍼렇게 정치적 구타를 당한 것과 다를 바 없다. 정치권의 가혹행위도 끝내야 한다."[18]

지금은 은퇴한 손학규 역시 2014년 1월 16일 이른바 '87년 체제'의 청산을 위한 방안으로 권역별 정당명부식 비례대표제(독일식 비례대표제) 도입을 주장했다. 그는 "사회적 갈등과 균열이 정당 간 대화와 타협을 통해 조정될 때 사회통합이 이뤄질 수 있다"며 "독일식 비례대표제는 계층 비례성과 지역 대표성을 동시에 보장해주며 지역주의 극복을 위해서도 좋은 제도"라고 강조했다.

독일식 비례대표제란 지역구 의원에 대한 투표와는 별개로 정당에 대한 지지를 물어 정당 득표율에 따라 의석수를 배분하는 방식이다. 비례대표 후보들을 권역별로 내고 권역별로 정당 투표를 하게 하는 방식도 가능하다. 이렇게 되면 새누리당이 호남에서도 비례대표 의원을 낼 수 있고 민주당 역시 영남에서 의석을 차지할 수 있게 된다. 소수정당은 지역구 당선자 없이도 권역별 의원을 배출할 수 있어 지역구도를 허무는 결과를 가져올 수 있다.[19]

---

18. 박래용, 「정치권의 가혹행위」, 『경향신문』, 2014년 8월 8일.
19. 하선영, 「손학규 "87년 체제 청산해야 대결 정치 끝나"」, 『중앙일보』, 2014년 1월 17일.

언제까지 선악 이분법 타령인가?

그러나 민주당은 지역구도를 허물 뜻도 없고 '싸가지 없는 진보'의 행태를 버릴 뜻도 없는 것 같다. 왜 그럴까? 기득권에 대한 탐욕을 제쳐놓고, 선의로 해석하자면 터널 비전 탓 이외에 달리 설명할 길이 없다. 이런 터널 비전은 자주 '되치기'를 당하는 코스처럼 되어버렸다. 전 국회의장 김형오는 『한겨레』에 기고한, 손학규의 정계 은퇴를 아쉬워하는 글에서 다음과 같이 말한다.

"새정치민주연합의 이번 공천 과정을 보면 집권하려는 의지가 없는 정당이었다. 교만과 독선의 포로가 되어 자기 진영 안에 갇혀버렸다. 국민을 가장 많이 말하지만 진영 밖의 사람은 국민이 아니었다. 이런 야당을 상대하는 여당은 국회 안에선 괴로워도 선거는 쉽다. 야당으로부터 소외된 국민에게 손만 내밀면 표가 오기 때문이다. 국민은 '세월호 심판'에 앞서 '야당 심판'을 했고, 빈사상태인 당을 살리려 그(손학규)가 몸을 던졌다. 선당후사를 직접 실천했다. '국민 눈높이에서 새누리당과 선의의 경쟁을 하는 민주개혁 정당으로 반드시 부활해야 한다.' 그가 야당에 던진 통렬한 메시지다. '보수補修하지 않는 보수保守', '진부한 진보'는 더이상 설 자리가 없는 시대가 오고 있다."[20]

국민은 '세월호 심판'에 앞서 '야당 심판'을 했다는 견해가 유력하건만, 민주당에는 여전히 '정부여당 심판'이 약했다고 생각하는 의원이 적지 않다. 예컨대, 정청래는 "한마디로 야당성에서 야당 지지자들에게 외면당했다"고 했는데,[21] 그가 말하는 '야당성'의 정체가 무엇인지 궁금하다.

이런 의원들의 인식 바탕엔 '민주 대 반민주'에 근거한 선악善惡 이분법이 깔려 있는 건 아닌가? 정청래가 2013년 10월 페이스북에 올린 '손학규와 손석희의 셈법'이라는 글에서 "손학규는 선의 편에서 악의 과거를 지우려 하고, 손석희는 악의 편에서 선을 눈앞에 보이려 한다. 누가 더 성공할까?"라고 했듯이,[22] 새누리당은 악惡이요 민주당은 선善이라는 확신의 포로가 되어 있는 건 아니냐는 것이다.

나는 이들의 변화 가능성을 믿고 싶다. 역지사지易地思之가 어려울망정 불가능한 일은 아니잖은가. 정청래 역시 과거(2005년 3월 12일) 유시민에 대해선 "유시민을 지지하면 선이고, 그렇지 않으면 악이라는 식의 선동에 모든 네티즌들이 숨죽여야 할까요? 유시민은 아무흠결이 없을까요?"라며 유시민을 공개 비판하지 않았던가? 아무리 옳은 말이라도 상대방이 선善을 자처하면서 반대편을 악惡 비슷하게 몰아붙일 때 어떤 느낌이었는지 그 기억을 갖고 있을 정청래가 왜 선악 이분법에 집착해야 한단 말인가.

설사 이들이야 어쩔 수 없다 하더라도, 민주당에 '선명 야당'다

20. 김형오, 「[왜냐면] 소 잔등의 '등에' 같은 사람을 보내며」, 『한겨레』, 2014년 8월 5일.
21. 허경주, 「새정치민주연합, 선거 패배 진단도 노선 갈등」, 『한국일보』, 2014년 8월 2일.
22. 「"단물 다 빠지면 쫓겨날 것" 정청래-손석희 설전… 왜?」, 『동아일보』, 2013년 10월 7일.

운 야성野性을 살려 제대로 심판하라고 촉구하는 진보 지식인들은 제발 다시 생각해볼 일이다. 그렇잖아도 정치혐오와 저주의 독기가 하늘을 찌르는 풍토에선 그 어떤 정당이든 심판의 주체가 되기 어렵다는 점을 감안해야 한다.

그렇다고 심판을 아예 하지 말라는 말이 아니다. 네거티브 방식을 포기하라는 것도 아니다. 심판과 네거티브 없는 정치가 어떻게 가능하겠는가. 지금과 같은 정치혐오와 저주의 풍토 속에선 그것들이 갖는 소기의 성과를 거두기 어렵다는 점, 그리고 그것들을 결정적일 때에 구사하는 게 아니라 아예 몸에 밴 습관처럼 써먹는 것을 다시 생각해보자는 말이다.

운동권 출신의
'심판 아비투스'

왜 그럴까? 왜 그런 습관이 생긴 걸까? 과거 민주화 투쟁 시절의 운동권 체질 때문이다. 민주화 투쟁을 하던 때는 '심판' 하나로 족했다. 그때의 그 투쟁 방식이 습관의 수준을 넘어 아예 '아비투스habitus'로 자리 잡은 것이다. 프랑스 사회학자 피에르 부르디외Pierre Bourdieu, 1930~2002가 말한 아비투스는 "구조와 실천 사이의 중재역을 맡는 생각, 지각, 또는 성향의 무의식적 계획들의 구조"로 환경 또는 생존 조건의 산물이다. 민주화 투쟁 시절에 형성된

'심판 아비투스'는 오늘날 민주당의 의식과 행동을 규정하는 제1의 이데올로기라고 해도 과언이 아니다.

'싸가지 없는 진보'도 운동권 문화의 산물임은 두말할 나위가 없다. 이와 관련, 영남대학교 정치외교학과 교수 김태일은 다음과 같이 말한다.

"바리게이트 시대와 발코니 시대의 정치 덕목이 달라지고 있다는 사실에 대해서 운동권 정치, 즉 바리게이트 시대의 정치세력들이 변화된 현실을 충분히 받아들이지 못하고 있는 것 같습니다. 화염병보다는 투표용지가, 돌멩이보다는 말이, 희생과 용기보다는 타협과 조정, 이런 새로운 정치시대의 덕목들을 머리로는 생각하지만 몸에 남아 있는 것입니다. 우리는 민주화세력이고, 민주화세력이 아닌 세력은 나쁜 세력인 거죠. 그런 운동 시대의 이분법, 도덕적인 우월의식 때문에 함부로 내지릅니다. 미워하면서 닮는다는 말이 있듯이 독재정치와 싸우면서 그런 독선이 몸에 남아 있는 것이 아닌가 싶어요.……이런 얘기까지 해야 할지 모르지만, 당에서 감옥 안 갔다 왔다면 끼워주지도 않는 분위기도 있었답니다." [23]

민주당에 운동권 출신 의원은 소수일망정 그들은 '일당백'이다. 게다가 학생 시절 운동권이 아니었던 것에 죄책감을 갖는 이른바 '워너비 운동권'까지 합하면 그들은 무시 못할 규모를 자랑한다.

---

23. 김만흠·김태일·황주홍, 『새 정치 난상토론: 국민은 비록 틀렸을지라도 옳다』(이지북, 2013), 220~222쪽.

이들은 지도부가 '심판'에 소홀하면 "왜 박근혜 정권과 정면으로 싸우지 않느냐"고 비판하기 일쑤다. 민주당이 서울광장에 천막 당사를 차리고 장외투쟁을 벌이게 만든 것도 바로 그런 강경파다.[24]

민주당 의원들은 단체 '카카오톡' 대화방에서 대화하지만, 이 역시 강경파의 놀이터다. 익명을 요구한 초선 의원은 "카카오톡 대화의 80% 이상은 강경파라고 불리는 소수 의원들"이라며 "이들은 지도부에 대해 노골적인 공격을 취한다"고 말한다. 또 다른 의원은 "일부 강경파가 의견을 올리면 20여 명이 우르르 달려들어 말을 보태면서 이게 전체 여론으로 보이게 한다"며 "그러면 강경파들은 자기들 주장을 전체 여론으로 확대해석해 보다 더 강경론을 만들어낸다"고 말한다.[25]

노무현 정부에서 청와대 정책실장을 지냈던 국민대학교 교수 김병준은 "지금 야당은 여러 가지 면에서 폐쇄적이다. 야당에 들어가면 멀쩡하던 사람도 상처만 받는데 누가 들어가려 하겠나"라면서 이렇게 말한다. "SNS에서 한바탕 여론 재판까지 당해야 한다. 실용적이고 열린 생각을 가진 사람들이 이렇게 배척을 당하고 모멸당하는데 어떻게 새로운 리더가 나올 수 있겠나. 새로운 생각(노선)과 새로운 사람을 수용할 수 없는 정당이 되어버렸다. 다양한 생각을 가

24. 정우상, 「[野 재·보선 참패] 김한길, 中道 강령 만들었지만 강경파에 밀려 실천하지 못해」, 『조선일보』, 2014년 8월 1일.
25. 강태화, 「진화 멈춘 '갈라파고스 야당'」, 『중앙일보』, 2014년 8월 1일.

진 사람이 자유롭게 토론하고 그 생각이 맞다면 리더까지 될 수 있도록 정당의 문을 활짝 열어야 한다."[26]

SNS에서만 여론 재판이 일어나는 것도 아니다. 2014년 초 열린 비공개 의총에서 한 최고위원의 발언 도중 방청석에 앉아 있던 일부 의원들이 "꺼져라!", "미친X" 등의 욕설을 했다. 익명을 요구한 수도권 재선 의원은 "우리 당은 의총만 하면 지지율이 떨어진다는 말이 있을 정도로 일부 강경파의 목소리가 너무 컸다"고 말한다.[27]

원내 수석부대표를 맡았던 정성호 의원은 "소수 강경파들은 민심을 이해하는 눈과 프레임(틀) 자체가 다르다"며 "그들은 아직도 이번 선거에서 진 원인을 오히려 지도부가 정부·여당에 대한 투쟁 수위를 낮췄기 때문이라고 생각하고 있다"고 말했다. 그는 "강경파 의원들은 이미 기득권이 돼버렸다"며 "여당과 합의를 하려고 하면 무조건 '정부와 재벌의 하수인이냐'며 반발하는 바람에 당내에서 대화와 타협의 목소리가 사라지고 있다"고 토로했다.[28]

강경파들이 꼭 모든 경우에 내켜서 강경파 노릇을 하는 건 아니다. 강경파로 분류되는 한 의원은 "스스로의 주장에 무리가 있다는 걸 알면서 어쩔 수 없는 경우도 있다"며 "내가 중도적 행동을 하면 당장 지지 세력들이 '의원 시켜줬더니 자격이 없다'고 공격하는데

26. 정우상, 「[野 참패 이후] "與는 대기업, 野는 中企…野가 승리하려면 꿈과 신뢰를 팔아야": [연쇄 인터뷰 1]」, 『조선일보』, 2014년 8월 2일.
27. 이윤석, 「야당 망치는 '막말 투사들'」, 『중앙일보』, 2014년 8월 2일.
28. 강태화, 「"강경파는 기득권…여당과 협상하면 2중대라고 공격"」, 『중앙일보』, 2014년 8월 2일.

어쩌겠느냐"고 토로했다.[29]

삿대질만 하는
'울타리 안의 진보'

운동권 정서는 대중의 욕망을 읽는 데에
도 매우 둔감하다. 자신의 욕망엔 충실하면서도 대중의 욕망은 극복
해야 할 대상으로만 여기니 그 속내를 알다가도 모르겠다. 금융경제
연구소 연구위원 이종태는 "한국의 '진보 세력'은 이명박 대통령을
선출한 대중의 '욕망'에 비판적이다. 그들은 역대 대통령에 대한 인
기 조사에서 박정희가 1위를 굳건히 유지하는 현상에도 구토감을 느
낀다"며 다음과 같이 말한다.

"그들이 보기에 '더 잘 먹고 더 많이 소비하며, 자녀를 더 잘 교
육시키겠다'는 대중의 욕망은 자본주의 체제에 물든 거짓 욕망일 터
이다. 이런 대중과 함께 어찌 저 피안의 유토피아로 갈 수 있단 말인
가! 그러나 당대 현실 속에서 대중이 절실하게 느끼는 욕망들은 냉랭
하기 그지없는 현실과 목숨을 걸고 싸운 경험에서 나오는 피와 땀과
눈물이다. 이런 생생하게 살아 있는 경험들을 경멸하거나 '거짓 욕

---

29. 강태화, 「"강경파는 기득권…여당과 협상하면 2중대라고 공격"」, 『중앙일보』, 2014년 8월 2일.

망' 으로 몰아붙이고 머릿속에서 창출해낸 '진정한 욕망' 과 '바람직한 대중' 의 이미지는 문자 그대로 '공상' 일 뿐이다."[30]

전북대학교 국어국문학과 학생 두동원은 「울타리 안의 진보」라는 글에서 남을 향해 삿대질만 해대는 운동권이나 진보에게서 나타나는 '울타리 현상' 의 왜곡된 일상화에 주목한다. 그는 "1985년, 한 청년이 운동권에 들어오면 '시각 교정' 을 하는 데만 꼬박 3개월이 걸렸"는데 반해, "2005년, 한 청년이 시각 교정은 물론 사회의 구조와 모순을 완전히 공부하는 데는 3분이면 족하다. '수구기득권세력' 과 '조중동' 이라는 말만 외우면 되는 것" 이라는 김규항의 말을 소개한 뒤, 다음과 같이 말한다.

"진보적 가치가 대중화 · 일상화되어 진보의 영토를 넓힌 것 같지만, 결과적으로 단순화를 불러왔다. 결국 진보의 '울타리' 만 실속 없이 넓힌 셈이며, 넓은 데다 더 높게 올려 반감만 초래하는 부작용도 낳았다.……SNS나 팟캐스트 등은 다이제스트 정치구호를 전하는 데 최적화된 매체일지 모른다. 비슷한 정치 성향의 네티즌들만 접하다 보면 일반 대중의 생각까지 오인하여 다양한 견해를 접하는 데 오히려 해를 끼칠 수 있다. 2012년 대선 패배에 대해서도 야당이 '폼 나는' 광장유세에 치중한 나머지 민심 곳곳을 살피지 못했다는 진단이 있었다. 내부 결속은 높아지는 한편 외부에 대해서는 배타적

---

30. 이종태, 「1980년대 이후 한국의 진보운동 담론 비판」, 사민+복지 기획위원회 엮음, 『한국 사회와 좌파의 재정립』(산책자, 2008), 107쪽.

인, 울타리 쳐지는 현상을 보여주는 사례다."

이어 두동원은 "순문학이나 예술영화를 좋아하는 나는 부끄럽지만 칸영화제에서 황금종려상 받는 작품은 꼬박꼬박 챙겨봤어도, KBS에서 8시 반마다 하는 일일연속극은 오그라들어서 절대 못 보는 이상한 고집이 있었다"며 다음과 같이 말한다.

"하지만 진보가 안고 가야 할 대상은 도리어 연속극을 보며 하루를 정리하는 평범한 사람들이 아닌가. 연속극 시청자의 눈으로는 진보세력이 오합지졸에 갈등을 조장하는 패륜아들처럼 보였을지 모르겠다. 빤해 보이는 일일연속극의 시청률이 왜 높은지, 대중문화에 대한 감수성을 이해하는 게 정치에서는 더 중요하겠다는 생각이 이제야 든다. 공이 울타리fence 밖을 넘어섰을 때 환영받을 수 있는 건 야구에서만이 아니다. 진보정치에서도 그런 짜릿한 장면이 자주 연출되길 바란다."[31]

운동권 체질의 자폐성이
심해지는 이유

이런 울타리 현상은 이른바 '집단

---

31. 2014년 8월, 비정규 과목으로 매주 목요일에 하는 나의 '글쓰기 특강'에 제출된 글이다.

극화group polarization' 현상으로 인해 자폐성自閉性의 극을 치닫게 되는 경향이 있다. 집단 극화는 어떤 문제에 관한 집단 토의에 참가한 후에 구성원들은 토의 전보다 강경하고 모험적인 의사결정들을 지지하는 경향을 말한다. 이를 깊이 있게 연구한 미국 시카고대학 법학교수 캐스 선스타인Cass Sunstein은 인터넷이나 SNS처럼 정보를 임의로 취사선택할 수 있는 공간에서 집단 극화 현상이 쉽게 일어난다고 말한다. "비슷한 사고를 가진 사람끼리 토의를 하고 반대 의견을 들을 기회가 없기 때문이다. 과격한 의견을 반복적으로 접하고, 다수의 사람들이 똑같은 의견을 지지한다고 듣게 되면 동조하는 사람이 생기기 마련이다."[32]

인터넷의 집단 극화는 정치의 집단 극화에 큰 영향을 미친다. 이런 '집단 극화'로 인해 경쟁하는 집단들 간의 극단적 싸움은 미디어의 좋은 '뉴스거리'가 되는 바, 여기에 미디어의 과장보도가 더해지면서 전반적인 여론의 형성에도 큰 영향을 미쳐, 여론을 양극화시키는 효과를 낳는다.[33]

---

32. 모리 겐, 하연수 옮김, 『구글・아마존화 하는 사회』(경영정신, 2008), 197~198쪽.
33. Russell Brooker & Todd Schaefer Brooker, 『Public Opinion in the 21st Century: Let the People Speak?』(New York: Houghton Mifflin Co., 2006); Tammy Bruce, 『The American Revolution: Using the Power of the Individual to Save Our Nation from Extremists』(New York: William Morrow, 2005); Richard Davis, 『The Web of Politics: The Internet's Impact on the American Political System』(New York: Oxford University Press, 1999); C. J. Glynn et al., 『Public Opinion』, 2nd ed.(Boulder, CO: Westview, 2004); V. L. Hutchings, 『Public Opinion and Democratic Accountability: How Citizens Learn about Politics』(Princeton, NJ: Princeton University Press, 2003); Patricia M. Wallace, 『The Psychology of the Internet』(Cambridge, United Kingdom: Cambridge University Press, 1999).

여기에 '편향 동화biased assimilation'가 가세해 대화와 토론은 무의미한 것이 되고 만다. 편향 동화는 자신의 생각과 다른 글은 어리석고 터무니없는 주장으로 치부하고, 자신의 생각과 같은 주장은 현명하고 논리적인 것으로 받아들여 결국 자신의 기존 입장을 더 강화시키는 현상을 말한다. 이와 관련, 선스타인은 다음과 같이 말한다.

"사람들은 자신의 입장과 반대되는 의견은 그것을 뒷받침하는 강력한 증거들이 있어도 무시해버린다. 그리고 자신의 입장과 어긋나는 정보들이 수두룩함에도 불구하고 극단적인 움직임을 보이는 것이다. 그런 정보들을 단순한 선전물로 간주해버린다. 중대한 문제일수록 기존에 갖고 있는 애착, 두려움, 판단, 선호는 고정되어 있기 때문에, 그것과 배치되는 정보가 아무리 많아도 기존 입장에 대한 확신은 그대로 유지된다. 특히 극단주의자들은 확고한 신념을 갖고 있어서, 그 신념에 반대되는 증거나 정보를 접하더라도 기존 신념이 줄어들기는커녕 더 커지는 경우가 많다."[34]

자기편 집단의 결속력이 강하면 이른바 '집단 애착in-group love'이 생겨난다. 이런 경우 집단의 구성원들끼리 상호작용이 활발해지는 '반향실echo chamber' 역할을 해서 자기들이 가진 우려나 신념을 키워 결국 다른 사람들에 대한 증오심으로 발전시키는 경향을 보인다.[35]

---

34. 캐스 R. 선스타인(Cass R. Sunstein), 이정인 옮김, 『우리는 왜 극단에 끌리는가』(프리뷰, 2009/2011), 78쪽.
35. 캐스 R. 선스타인(Cass R. Sunstein), 이정인 옮김, 『우리는 왜 극단에 끌리는가』(프리뷰, 2009/2011), 79쪽.

4.
왜 '심판'이 진보를
골병들게 만드는가?

나르시시스트narcissist가 따로 있는 게 아니다. 누구든 상황에 의해 나르시시스트가 될 수 있다. 미국 코넬대학 정신과 교수 로버트 밀먼Robert B. Millman은 그런 나르시시즘을 가리켜 '후천 상황적 나르시시즘acquired situational narcissism' 이라고 부른다.[36] 특정 계파의 강경파나 '빠' 그룹에 속하는 이들이 보이는 나르시시즘이 바로 이것이다. 특히 한국의 운동권처럼 탄압을 많이 받은 가운데 엄청난 자기희생을 강요받은 사람들이 이런 나르시시즘에 빠지지 않는다면 오히려 그게 더 이상한 일일 것이다.

'있는 그대로의 세상'과 '원하는 세상'

운동권 체질의 문제는 우리만의 고민은 아니다. 그건 미국의 도시 빈민 운동가이자 커뮤니티 조직 운동가인 사울 알린스키Saul Alinsky, 1909~1972의 고민이기도 했다. 그는 1960년대 운동권 학생들의 영웅이었지만, 일부 학생 행동주의자들student activists, 특히 신좌파New Left 지도자들과는 불편한 관계였다. 신좌파가 혁명 의욕에 너무 충만한 나머지 '있는 그대로의 세상the world

---

36. Gene Healy, 『The Cult of the Presidency: America's Dangerous Devotion to Executive Power』(Washington, D.C.: Cato Institute, 2008), pp.254~256.

as it is'이 아니라 '자기들이 원하는 세상the world as we would like it to be' 중심으로 운동을 전개한다고 보았기 때문이다.[37]

알린스키는 학생 행동주의자들의 진정성마저 의심했다. 물론 세상을 있는 그대로 보지 않는다는 이유 때문이었다. "그들은 사회를 바꾸는 데에 관심이 없다. 아직은 아니다. 그들은 그들 자신의 일, 자신을 발견하는 것에만 관심을 두고 있다. 그들이 원하는 것은 계시revelation일 뿐 혁명revolution이 아니다."[38]

그런데 왜 사람들은 '있는 그대로의 세상'은 안 보고 '원하는 세상'만 볼까? 알린스키는 '사물의 양면성을 분리시켜 파악하는 인습적 사고방식' 때문이라고 말한다. 그는 "지적으로 우리는 모든 것이 기능적으로 서로 연결되어 있다는 사실을 알고 있지만, 행동할 때의 우리는 모든 가치와 문제들을 분할하고 고립시킨다"며 다음과 같이 말한다.

"우리는 주변의 모든 것을 빛과 어둠, 선과 악, 생과 사와 같이 그것과 결코 분리할 수 없는 반대개념의 짝으로서 바라보아야 한다.……모든 현상의 이원성에 대한 이러한 이해는 우리가 정치를 이

---

37. Sanford D. Horwitt, 『Let Them Call Me Rebel: Saul Alinsky-His Life and Legacy』(New York: Vintage Books, 1989/1992), pp.524~526; Saul D. Alinsky, 「Afterword to the Vintage Edition」, Reveille for Radicals(New York: Vintage Books, 1946/1989), p.229. 알린스키에 관한 이야기는 내가 지난 2013년 1월에 출간한 『증오 상업주의: 정치적 소통의 문화정치학』(인물과사상사)을 재활용한 것이다.

38. Sanford D. Horwitt, 『Let Them Call Me Rebel: Saul Alinsky-His Life and Legacy』(New York: Vintage Books, 1989/1992), p.528.

해하는 데에 반드시 필요하다. 이를 통해서 우리는 한 가지 접근법은 긍정적이고 다른 한 가지는 부정적이라는 신화에서 벗어날 수 있다. 인생에서 그와 같은 것은 없다. 한 사람에게는 긍정적인 것이 다른 사람에게는 부정적이기 마련이다."[39]

이 주장의 연장선상에서 알린스키는 조직가는 정치적으로 분열적이지만 동시에 잘 융화된 존재가 되어야 한다고 주장한다. 그는 "문제가 극단적으로 나누어져야만 사람들은 행동할 수 있다. 사람들은 자신들의 주장이 100% 천사의 편에 있으며 그 반대는 100% 악마의 편에 있다고 확신할 때 행동할 것이다. 조직가는 문제들이 이 정도로 양극화되기 전까지는 어떠한 행동도 가능하지 않을 것이라고 알고 있다"며 다음과 같이 말한다.

"내가 말하고 있는 것은 조직가라면 자신을 두 부분으로 나눌 수 있어야 한다는 것이다. 그의 한 부분은 행동의 장에 있으며, 그는 문제를 100대 0으로 양분해서 자신의 힘을 투쟁에 쏟아붓도록 힘을 보탠다. 한편 그의 다른 부분은 협상의 시간이 되면 이는 사실상 단지 10%의 차이일 뿐이라고 하는 점을 알고 있다. 그런데 양분된 두 부분은 서로 어려움 없이 공존해야만 한다. 잘 체계화된 사람만이 스스로 분열하면서도 동시에 하나로 뭉쳐서 살 수 있다. 그런데 바로 이것이 조직가가 해야만 하는 일이다."[40]

39. 사울 D. 알린스키, 박순성·박지우 옮김, 『급진주의자를 위한 규칙: 현실적 급진주의자를 위한 실천적 입문서』(아르케, 1971/2008), 54~55쪽·58쪽.

그런데 진보주의자들은 '타협'을 더럽게 생각하는 고질병을 앓고 있다. 이걸 방치할 알린스키가 아니다. 그는 '타협은 허약함, 우유부단함, 고매한 목적에 대한 배신, 도덕적 원칙의 포기와 같은 어두움을 가지고 있는 단어"지만, "조직가에게 타협은 핵심적이고 아름다운 단어"라고 주장한다.

"타협은 언제나 실질적인 활동 속에 존재한다. 타협은 거래를 하는 것이다. 거래는 절대적으로 필요한 숨 고르기, 보통 승리를 의미하며, 타협은 그것을 획득하는 것이다. 당신이 무에서 출발한다면, 100%를 요구하고 그 뒤에 30% 선에서 타협을 하라. 당신은 30%를 번 것이다. 자유롭고 개방적인 사회는 끊이지 않는 갈등 그 자체이며, 갈등은 간헐적으로 타협에 의해서만 멈추게 된다. 일단 타협이 이루어지면, 바로 그 타협은 갈등, 타협, 그리고 끝없이 계속되는 갈등과 타협의 연속을 위한 출발점이 된다. 권력의 통제는 의회에서의 타협과 행정부, 입법부, 사법부 사이에서의 타협에 바탕을 두고 있다. 타협이 전혀 없는 사회는 전체주의 사회이다. 자유롭고 개방적인 사회를 하나의 단어로 정의해야 한다면, 그 단어는 '타협'일 것이다."[41]

40. 사울 D. 알린스키, 박순성 · 박지우 옮김, 『급진주의자를 위한 규칙: 현실적 급진주의자를 위한 실천적 입문서』(아르케, 1971/2008), 132~133쪽.
41. 사울 D. 알린스키, 박순성 · 박지우 옮김, 『급진주의자를 위한 규칙: 현실적 급진주의자를 위한 실천적 입문서』(아르케, 1971/2008), 107~108쪽.

진보의 언어는
'모욕'과 '쌍욕'인가?

알린스키의 메시지를 우리 현실에 적용해보려는 이들이 극소수나마 있는 게 불행 중 다행이다. 『시사IN』 기자 고동우는 2009년 8월에 쓴 칼럼에서 "진보·개혁 진영은 상대를 '모욕'하는 것만으로 자신이 할 일을 다한 것처럼 생각할 때가 종종 있는 듯하다. 한 진보언론의 기사 제목을 보니 '2MB는 사기꾼, 생쥐, 바퀴벌레'다. 통쾌하신가? 하지만 이런 비판은 결국 자신을 비추는 거울이 될 수밖에 없다"며 다음과 같이 말한다.

"미국의 사회운동가인 사울 D. 알린스키는 이런 경향을 '구두선식 급진주의'라고 비판하면서 그 폐해를 다음처럼 꼬집었다. '낡아버린 옛 단어나 구호를 사용하고 경찰을 '돼지'라든지 '백인 파시스트'라고 부르는 등의 방식은 오히려 자기 자신(급진주의자)을 정형화함으로써 남들이 '아, 뭐 쟤는 그냥 저런 애'라고 하는 말로 대응하고는 즉시 돌아서게끔 만든다.' 알린스키는 '의사소통은 듣는 대중의 경험 안에서 이루어져야 하며 타인의 가치관을 온전히 존중하는 바탕 위에서 시작되어야 한다'라고 말한다. 그리고 또 하나 그가 의사소통에서 강조하는 것은 바로 '유머 감각'이다. 상황이 매우 안 좋은 건 사실이지만, 요즘 진보·개혁 진영을 보면 항상 너무 비장하고 너무 심각해 보인다. 하지만 그렇게만 해서는 대중이 편하게 다가오기 어렵지 않을까?"[42]

고동우에 이어 도서출판 후마니타스 대표 박상훈은 2010년 1월 『경향신문』 칼럼에서 "오랫동안 노동운동을 했고 지금은 평화운동을 하고 있는 대학 동기를 만났다. 이런저런 이야기를 하는 과정에서, 그는 우리 사회 진보파의 언어가 지나치게 공격적이고 때로는 폭력으로 느껴질 때가 많다는 말을 했다. 그러다 보니 진보적 매체나 논의의 장에 더이상 참여하거나 관심을 갖지 않게 되더란다"며 다음과 같이 말한다.

"집권세력과 그 수장을 'MB' 내지 '2MB'로 표현하고 거기에 '명박이', '쥐박이', '생쥐', '바퀴벌레' 등의 모욕적 이미지를 결합시키려는 노력이, 진보파들의 말과 글에서 쉽게 볼 수 있게 되었다. 그것은 아마도 통치의 가혹함에 대한 강렬한 항의의 소산이겠지만, 결과는 그리 긍정적이지 않은 것 같다. 한번은 인권 문제에 대한 관심을 진작시키기 위한 콘서트에 갔는데, 시작에 앞서 사회자가 그 취지를 설명했고 해직교사 한 분을 무대로 초청해 이야기를 나눴다. 그런데 해직교사가 자신의 사례를 설명하면서 현 정부를 '이명박 정부'라고 지칭하자 사회자는 'MB 정부를 좋아하시나 보네요'라고 물었다. 이명박 정부와 MB 정부 사이의 언어 선택이 갖는 정치적 의미가 사회자에게는 예민하게 포착되었던 듯하다. 사람들은 어떻게 받아들였을까? 객석은 무슨 영문인지 몰라 조용했는데, 사회자가 농

42. 고동우, 「이명박 정권이 하면 모든 게 '쇼'인가」, 「시사IN」, 2009년 8월 6일.

담이라고 말한 다음에도 여전히 조용했다. 진보파들과 그렇지 않은 일반 시민 사이에 언어습관의 괴리가 커지는 것은 좋은 현상이라고 말하기 어렵다."[43]

2014년 1월 한겨레경제연구소 연구위원 이봉현은 「무엇이 진보의 언어일까」라는 칼럼에서 "알린스키는 진보적 활동가라면 일반 대중이 자신의 말을 어떻게 받아들일 것인지 늘 성찰해야 하며 '상대의 가치관을 온전히 존중하는 바탕 위에서' 진보의 언어들을 사용해야 한다고 강조한다"며 다음과 같이 말한다.

"우리 사회의 진보는 늘 보수파의 언어폭력에 시달려왔다. '종북'이나 '빨갱이'니 하는 말들이 소통의 셔터를 팍 내려버리는 폭력적 언어들이다. 그렇다고 비슷한 폭력으로 그런 몰지각함에 대응할 필요는 없다. 기울어진 언론 지형 등 단순히 계산해봐도 어림없는 싸움판에 끌려들어가는 것이다. 날카로운 풍자라면 언제나 환영이다. 그것도 아니면서 '쌍욕'을 진보의 언어라며 늘어놓지는 말아야 한다."[44]

43. 박상훈, 「말의 공격성」, 『경향신문』, 2010년 1월 8일.
44. 이봉현, 「무엇이 진보의 언어일까」, 『한겨레』, 2014년 1월 30일.

'증오 마케팅'은
진보에 불리하다

사실 오늘날 한국 진보파의 주류 담론은 알린스키의 관점에서 볼 때는 진보에 역행하는 것이라고 해도 과언이 아니다. 독설과 욕설을 앞세운 카타르시스 효과를 노린 담론만이 호황을 누리고 있지 않은가. 그 흐름에서 조금만 벗어나면 대뜸 날아오는 질문이나 비판이 "박근혜 정부를 좋아하시나 보네요" 따위의 것이다. 나꼼수 현상을 반길 수 없는 이유도 여기에 있다. 이런 상황에서 오재식이 알린스키 운동론의 교훈에 대해 다음과 같이 말한 것이 가슴에 와닿는다.

"종교적 차원에서 보면 사람은 다 엇비슷하다. 나빠봐야 51% 정도일 것이다. 반대로 좋아봐야 역시 51% 정도가 아닐까. 그런데 전략적 차원에서 상대와 싸움이 벌어졌을 때는 상대가 100% 나쁘고 내가 100% 좋아야 이기는 것이다. 이것을 종교화하고 신념화해야만 전투를 할 수 있다. 그러나 전략적 상황이 끝나고 여러 가치와 기준들이 제자리를 잡아야 하는 때에도 자신의 전투행위를 설명할 때는 여전히 전략에 사로잡힌 종교를 내세워야 하는 것이 관행이다. 여기에 알린스키가 말하는 혁명적인 사고와 자세 변화가 요구되는 대목이 있다. 100% 나빴던 사람을 51%로 복원시키기 위해서는 자신을 지배했던 이념 체계에서 탈출할 수 있는 용기가 있어야 한다."[45]

그런데 그 '용기'는 사회적 분위기에 압도당하고 만다. 시장 논리가 '100대 0'의 적대감이나 증오를 선호하기 때문이다. 그건 그럴 듯한 아름다운 명분으로 포장되기 때문에 '100대 0'의 셈법을 지지 하지 않는 사람이 이상하거나 나쁜 사람이 되는 진풍경이 벌어지는 것이다. 알린스키의 말마따나, 사람들은 자신들의 주장이 100퍼센 트 천사의 편에 있으며 그 반대는 100퍼센트 악마의 편에 있다고 확 신할 때 행동할 것이므로, 정치든 언론이든 장사를 위해서는 시종일 관 '100대 0'으로 밀어붙여야만 하는 것이다.

알린스키는 분열과 융화를 동시에 할 수 있어야 한다고 역설하 지만, 그게 그렇게 말처럼 쉬운 일이 아니다. 특히 우리는 무엇이건 한 번 하면 '올인'을 하고 끝장을 보아야만 직성이 풀리는 체질이 아 니던가. 알린스키식 어법을 쓰자면, 이기고 싶다면서도 사실상 패배 하기 위해 애쓰는 사람들, 바꾸고 싶다면서도 바꾸지 않게 하려고 발 버둥치는 사람들이, 야권과 진보 쪽의 주류로 행세하는 게 우리의 현 실이 아니던가.

패배를 당한 뒤에도 그 이유를 외면한 채 그마저 또 다른 '증오 상업주의'의 불쏘시개로 이용하려는 사람들이 여전히 큰 힘을 쓰는 게 오늘의 풍토가 아니던가. 전체 유권자의 절반 정도가 '100퍼센트 악마의 편'을 지지하는, '있는 그대로의 세상'을 보지 않은 채, 자신 들이 '100퍼센트 천사의 편'임을 주장함으로써 절반의 유권자들을

45. 오재식, 「추천사: 힘없는 사람들에게 희망을 심어준 알린스키」, 사울 D. 알린스키, 박순성 · 박지우 옮김, 『급진주의자를 위한 규칙: 현실적 급진주의자를 위한 실천적 입문서』(아르케, 1971/2008), 13~14쪽.

늘 소외시키는 자해自害를 상습적으로 일삼으면서 그게 왜 문제인지 모르겠다는 게 그들의 정신 상태가 아니던가.

이른바 '증오 마케팅'은 진보에 불리하다는 걸 깨달을 필요가 있다. 이 점에서 조지 레이코프George Lakoff가 『폴리티컬 마인드: 21세기 정치는 왜 이성과 합리성으로 이해할 수 없을까?』(2008)에서 아주 옳은 말을 했다. 그는 "감정이입은 진보적인 도덕적 세계관의 핵심이다"며 다음과 같이 말한다.

"진보주의자가 대중에게서 감정이입을 더 많이 활성화할수록, 그들은 더 많이 지지를 받고 보수주의자는 더 많이 손해를 볼 것이다. 이와 마찬가지로 보수주의자가 대중에게서 더 많은 공포심을 생성할수록, 그들은 더 많이 지지를 받고 진보주의자는 더 많이 억압을 받을 것이다. 만일 이것이 사실이라면, 진보주의자는 공포에 근거한 프레임-보수주의자는 이 프레임 안에서 생각하고 말함-을 수용하기보다는 오히려 당연히 자신의 도덕적 세계관, 즉 감정이입과 책임, 희망에 대해 더 많은 이야기를 해야 한다."[46]

---

46. 조지 레이코프(George Lakoff), 나익주 옮김, 『폴리티컬 마인드: 21세기 정치는 왜 이성과 합리성으로 이해할 수 없을까?』(한울아카데미, 2008/2012), 153쪽 · 158쪽.

왜 호남의 대선후보급
엘리트 자원은 고갈되었나?

심판과 네거티브를 외치더라도 유권자들이 "그러는 너는?"이라고 반문할 때 당당하게 답할 수 있는 기본은 갖추어야 한다. 이 점에서 볼 때에 민주당의 치명적인 문제는 '싸가지'에 앞서 '가벼움'이다. 어찌나 정당을 자주 때려 부수고 이합집산離合集散을 하는지 "심심하면 당 이름을 바꾼다"는 말이 나올 정도다.

현 공식 당명인 새정치민주연합은 2000년 들어 새천년민주당 →열린우리당→대통합민주신당→통합민주당→민주당→민주통합 당→민주당을 거쳐서 만들어진 것이다. '포장마차'나 '떴다방' 수준으로 당이 만들어지다 보니 노선도 오락가락하는 데다 그 과정에서 계파들 간 이전투구泥田鬪狗만 확대생산되는 양상을 보여왔다. 이와 관련, 김진우는 다음과 같이 말한다.

"툭하면 '재창당 수준의 환골탈태'라는 말을 했지만 계파 문제는 건드리지 못했다. 제1야당의 역사는 '계파 투쟁의 흑역사'라고 할 만하다. '특정 계파의 당권 장악→공천 파동→선거 패배→비상대책위원회 구성→조기 전당대회→다른 계파의 당권 장악'이라는 공식이 다람쥐 쳇바퀴 돌 듯 반복됐다. 당권을 잡는 계파 얼굴만 바뀌었을 뿐이다."[47]

도대체 왜 그렇게 되었을까? 오늘의 민주당을 이해하는 데 도움이 되는 이론은 '카오스 이론chaos theory'이다. 물론 딱 들어맞지는 않는다. 다만 이른바 '초기 조건에 민감한 의존성sensitive dependency on initial conditions', 곧 작은 변화가 결과적으로 엄청난 변화를 일으킬 수 있다는 점에서, 즉 문제를 바라보는 우리의 기본적인 인식에 자극을 줄 수 있다는 점에서 효용이 있다.

나는 민주당의 문제를 이해할 수 있는 답은 노무현 전 대통령이 열린우리당 창당을 추진하던 2003년 6월 27일 관리직 여성 공무원 142명을 청와대로 초청해 오찬을 함께한 자리에서 한 발언에 있다고 생각한다. 당시 노무현은 "지금 정치 현실은 마지막 몸부림, 마지막 혼돈"이라고 규정하면서 "그러나 지난 대선에서 봤듯이 혼돈이 극에 달하면 새로운 질서가 된다"고 주장했다.

열린우리당이 성공했다면, 노무현의 말대로 새로운 질서가 태동되었겠지만, 다 알다시피 그건 실패로 끝났다. 정당이 포장마차처럼 하루아침에 만들어졌다 순식간에 부서지곤 했던 한국 정당사를 돌이켜보자면, 열린우리당의 창당은 '작은 변화'에 불과했던 것이지만, 그 후유증은 결코 작지 않다. 보수정권의 장기집권이 이루어진다면 '엄청난 변화'를 가져온 것으로 볼 수도 있다.

민주당이 앓고 있는 병명은 일반적으로 지적되는 '당 조직의 만성적 불안정성'이라기보다는 '노서히 하나가 될 수 없는 세력들의

---

47. 김진우, 「[민심은 왜 야당을 버렸나] 눈앞의 이해만 좇아 이합집산…계파 싸움 '고질병'으로」, 『경향신문』, 2014년 8월 2일.

어색한 동거 체제'라고 보아야 한다는 게 내 생각이다. 그게 그 말이 긴 하지만, 좀더 구체적으로 파고들 필요가 있다는 뜻이다.

생각해보자. 열린우리당, 즉 친노 세력의 성공은 90퍼센트대의 민주당 지지도를 자랑하던 호남의 분열을 전제로 한 것이었으며 지금도 그러하다. 그래야만 영남을 비롯한 다른 지역에서 민주당의 살 길이 열리기 때문이다. 열린우리당의 창당 과정에서 나온 신기남의 그 유명한 발언 그대로, "호남 쪽이 흔들흔들해야 영남 유권자들로부터 표를 달라고 할 수 있다".

멀리 보자면, 호남의 분열은 좋은 일이다. 말이야 바른 말이지만, 도대체 언제까지 호남 유권자들이 그런 획일적인 투표 행태를 보여야 하겠는가 말이다. 그런데 문제는 호남 몰표가 하루아침에 생긴 게 아니듯이, 호남 분열 역시 하루아침에 이루어질 수는 없다는 점이다.

인위적으로 분열을 시켜보자는 게 열린우리당 창당이었지만, 그 참혹한 결과를 우리는 보지 않았던가? 그러나 호남 분열이 정치적 생존의 조건이 된 처지에서는 그런 성찰이 쉽지 않을 것이다.

민주당 내에서 호남의 분열을 원하는 세력과 원하지 않는 세력의 간극은 민주당과 새누리당의 간극 이상으로 넓고 깊다. 그 간극은 유력한 지도부의 탄생을 거의 불가능하게 만든다. 호남의 분열이 호남 정치인들의 호남 내 헤게모니 쟁탈전의 형식으로 이루어진 건 치명적인 결과를 초래했다. 그 어떤 확고한 신념도 없이 헤게모니 쟁탈을 위해 호남의 분열을 추진한 이들은 대부분 나중에 다른 자세를 보임으로써 '기회주의'라는 딱지를 부여받았고, 이는 호남의 정치적 엘리트 자원을 오염시켰고 대선후보급 자원을 고갈시키는 결과를 낳았다.

대의를 위해 호남의 분열을 지지했던 호남 시민사회의 상당 부분은 '기회주의' 대신 '일관성 유지'를 택했지만, 이는 기회주의 이상으로 심각한 문제를 낳고 있다. 누가 옳건 그르건 도저히 화합할 수 없는 양대 세력 가운데 차라리 어느 한쪽이 우세해져버리면 '정상 회귀'가 가능한데, 이도 저도 아닌 호남 시민사회의 엉거주춤한 '일관성 유지'가 그걸 가로막고 있다. 정당 내의 헤게모니 쟁탈을 위한 이전투구泥田鬪狗는 늘 있던 것이지만, 지금과 같은 내부 대립 구도는 전례가 없는 최초의 것이다.

'진정성'을 버리고
'성실성'을 보여라

2013년 1월 7일 김태일은 민주당이 주최한 대선 평가 토론회에서 "민주당의 집단적 기억력은 2주일이다"라고 했는데,[48] 가벼움은 그런 기억력 부실과 결합해 '싸가지도 없고 진정성도 없는 진보'의 이미지를 강화시킨다. 그런데 엄밀히 말하자

---

48. 김만흠·김태일·황주홍, 『새 정치 난상토론: 국민은 비록 틀렸을지라도 옳다』(이지북, 2013), 19쪽.

면, 민주당엔 아예 '집단적 기억력'이라는 게 존재하질 않는다. 계파별 기억력만 존재할 뿐이다. 누구든 계파의 보스에게 비판을 한 전력이 있으면, 10년 전의 것까지 찾아내 보복을 할 정도로 과잉 기억력을 자랑한다.

우리의 일상적 삶에서도 다를 게 없다. 싸가지 없는 사람을 좋아하기는 힘들지만, 그 사람에게 진정성만 있다면 달리 볼 수도 있다. 늘 입바른 소리를 싸가지 없게 하는 사람이 있다고 가정해보자. 그 사람은 개인적으론 큰 손해를 입게 되어 있다. 그게 정상이다. 힘 있는 사람들을 상대로 싸가지 없게 굴어 빛을 보지 못한 사람에게 힘 없는 사람들의 입장에서 누가 돌을 던지랴. 오히려 인기를 얻을 수도 있다.

그런데 그 사람이 자신의 성질을 이기지 못해 싸가지 없게 군 게 아니라 바로 그런 인기를 얻기 위해 의도적으로 연출한 거라면? 소기의 성과를 거둔 뒤엔 전혀 다른 태도를 보인다면? 그러다가도 또 필요에 따라 싸가지 없는 태도를 보이기도 하는 등 오락가락한다면?

그건 진정성과 신뢰의 파탄을 의미한다. 그래도 그 사람의 본질에 가까운 어떤 점을 높이 사서 계속 지지를 보내는 사람들도 있겠지만, 어떤 사람들은 '진정성과 신뢰'야말로 인간됨의 본질이라고 생각할지도 모른다.

가벼움이 꼭 나쁜 것만은 아니다. 아직도 한국 사회 곳곳에 남아 있는 권위주의 문화에 강한 혐오감을 갖고 있는 사람들은 가벼움 자체에서 그 어떤 해방의 기운을 느낄지도 모른다. 생산적인 '해체'

라는 것도 있는 법이다. 무거움의 해체를 위해선 가벼움이 반드시 필요하다.

문제는 진정성이다. 가볍다고 진정성이 없는 건 아니다. 진정성이 강하다고 해서 무거운 것도 아니다. 엄밀하게 말하면 가벼움과 진정성은 아무런 관계도 없다. 문제가 되는 가벼움은 진정성 없는 가벼움이다. 그때그때 편의주의적으로 이익을 취하고자 하는 가벼움이다. 그건 '기획 과잉' 때문일 수도 있고 오랜 습관의 산물일 수도 있다.

진정성이 없으면서 입만 열었다 하면 '진정성'이란 단어를 오남용하는 것도 문제다. 『오늘의 교육』편집위원 이계삼은 『한겨레』(2013년 8월 16일) 칼럼에서 "대체로 '진정성'이라는 단어는 뜻대로 하고 싶은데 잘 안 될 때, 실제로는 강자이지만 겸손하고 약한 척을 해야 할 때 등장한다"며 다음과 같이 말한다.

"나는 참여정부가 '진정성'이라는 말을 너무 즐겨 써서 망했다는 생각을 가끔 한다. 예컨대, 그들은 한－미 자유무역협정FTA을 추진하면서도 '우리의 진정성을 믿어달라'고 했다. 그들은 행정부와 입법부까지 장악하였지만, 한나라당과 보수언론 때문에 아무것도 못하겠다고 끊임없이 '약자 코스프레'를 했고, 연이은 실정으로 자신들의 지지층까지 냉담해질 때, 그럼에도 자신들의 도덕적인 정통성을 환기시키고, 그들을 설득시켜야 할 때 '진정성'이라는 수사를 사용하곤 했다."[49]

이제 민주당에 필요한 건 자기합리화의 도구로 전락한 감이 없지 않은 진정성이 아니라 성실성이다. 이젠 씨알도 먹히지 않을 진정성 타령을 그만두고 성실성을 키워야 한다. 성실성은 진정성과 달리 입증과 측정이 어느 정도 가능한 것이므로 유권자들을 설득하는데도 훨씬 유리하다.[50]

유권자들은 '심판'의 필요성에 공감하더라도 자격 없는 세력이 외치는 심판에는 반감을 갖기 마련이다. 민주당이 이제 먹히지도 않을 상투적인 심판은 그만두고, 심판의 방향을 정책적 대안을 마련하고 관철시키는 방식, 그리고 유권자들에게 감정이입을 하는 방식으로 전환해야 한다.

---

49. 이계삼, 「너의 '진정성'이 들려」, 「한겨레」, 2013년 8월 16일.

50. 진정성(authenticity)보다 성실성(sincerity)이 중요하다는 건 내 아이디어는 아니다. 미국 하버드대학 사회학자 올랜도 패터슨(Orlando Patterson)은 진정성의 위험을 이렇게 지적한다. "진정성이 자기 자신을 보는 방식과 자신의 관계를 보는 방식을 지배하고 있는데, 해로운 결과를 초래하고 있습니다. 민감한 사람들 안에서는 이미 의심이 싹트고 있고 이로 인해 불신이 조장되고 있습니다. 조직 내부에서는 조직과 진정으로 하나가 되고 싶은 마음을 전하고자 끊임없이 탐색하는 과정 속에서 이로 인해 집단사고(groupthink)가 강화됩니다. 그리고 조직 내부에서 동질감을 바탕으로 하는 경영의 은밀한 원천이 되고 있습니다." 패터슨은 사람들이 무슨 생각을 갖고 있느냐의 문제는 사람들이 어떻게 행동하느냐의 문제보다 덜 중요하다고 말한다. "나는 이웃과 직장 동료들이 진정한 성차별주의자인지, 노인차별주의자인지 신경 쓰지 않습니다. 중요한 것은 그들이 정중하고 사회성 있으며 성실한가 하는 점입니다. 성실성의 기준은 명확합니다. 그들이 약속을 지킬 것인가? 우리가 암묵적으로 타결한 합의를 그들이 존중할 것인가? 그들의 따뜻한 표현이 의도적인 선의에서 나오는 것인가?" 필 로젠츠바이크(Phil Rosenzweig), 김상겸 옮김, 「올바른 결정은 어떻게 하는가: 모두를 살리는 선택의 비밀」(엘도라도, 2014), 234~235쪽.

제 **5** 장

왜 **진보**의 **최대 약점**은 도덕인가?

민주당의 도덕과 새누리당의 도덕

"마르크스주의를 망친 건
'도덕' 개념의 부재"

이 마지막 장에선 그간 해온 이야기를 이론적으로 뒷받침해보기로 하자. 좀 딱딱하긴 하지만, 어려운 이야기는 아니다. 사람들이 말하기 쉽게 '싸가지 없는 진보'라는 표현을 쓰긴 하지만, 이 표현은 진보가 안고 있는 문제의 심각성을 담기엔 모자라다. '도덕'이라고 보는 게 옳다. 즉, '도덕의 부재' 또는 '도덕의 왜곡'이 오늘날 진보의 위기를 불러온 주범일 수 있다. 우리가 일상적으로 사용하는 좁은 의미의 '도덕'은 잊고 넓은 의미의 '도덕'에 대해 생각해보자.

"그 사람 도덕적이야." 이건 좋은 의미다. "그 사람 도덕주의적이야." 이건 별로 안 좋은 의미다. 누군가를 '도덕적'이라 했을 땐 그 사람 개인의 행실에 국한시켜 하는 말이지만, '도덕주의적'이라 했을 땐 그 사람이 세상을 도덕의 잣대로만 본다는 의미다.

'도덕주의'의 부정적 의미는 크게 보아 세 가지다. 첫째, 사고가 편협하고 경직되어 있다는 의미다. 둘째, 복잡한 세상 이해를 종합적으로 하지 않고 도덕이라는 일면만 보는 편향을 드러내고 있다는 의미다. 셋째, 자기 자신의 도덕적 기준으로 다른 사람의 행위를 억압하고 자유를 침해하려고 든다는 의미다.[1]

가급적 도덕주의는 피하되 도덕은 갖는 게 좋다. 그런데 어찌된 게 우리 사회에선 도덕은 박약하고 폄하되는 반면 도덕주의는 호황을 누리고 있다. 도덕은 자신을 향하지만 도덕주의는 남을 향하기 때문이다. 남을 단죄할 땐 도덕주의의 칼을 쓰고, 자신의 처신은 도덕을 초월하는 풍토가 만연되어 있다.

도덕을 초월하다 못해 유린하면서 쓰는 말이 "대의大義에 충실하자"거나 "대국적으로 보자"는 말이다. '시대정신'이라는 말도 쓰인다. 도덕은 개인 수준의 사소한 것인 반면 '대의'와 '시대정신'은 세상을 바꾸는 거창한 일이라는 자기암시가 내포되어 있는 용법이다. 도덕을 초월하는 사람들이 도덕적 우월감을 갖는 진기한 현상도 목격된다. 아니 따지고 보면 진기할 것도 없다. 이 경우의 도덕적 우월감은 '대의'와 '시대정신'과 관련된 것으로 개인의 행실과는 무관하기 때문이다.

---

1. 오스트리아의 진화생물학자이자 과학철학자인 프란츠 부케티츠(Franz M. Wuketits)는 도덕주의자는 "우리 삶의 모든 활동들을 도덕적인 관점에서 평가하는 자"로 정의한다. "도덕주의자는, 남들이 자기 행위를 할 때 사전에 어떤 도덕체계 속에 그 행위를 분류해 넣을 것인지를 전혀 생각하지 않고도 행위할 수 있다는 점을 상상조차 할 수 없는 자이다. 또한 도덕주의자는 자신과 직접적으로 사회적인 상호관계 속에 있지 않은 사람들에게도 많은 것을 금지하려고 한다." 프란츠 부케티츠(Franz M. Wuketits), 김성돈 옮김, 『도덕의 두 얼굴』(사람의무늬, 2010/2013), 199쪽.

도덕은 사소한 것인가? 영국 정치학자로 현재 미국 뉴욕대학 정치학 교수로 있는 스티븐 룩스Steven Lukes, 1941~는 『마르크스주의와 도덕Marxism and Morality』(1985)이라는 책에서 마르크스주의를 망친 건 '도덕' 개념의 부재라고 했다. 물론 그가 '망쳤다'는 말은 쓰지 않았지만, 방향이 그쪽이란 건 분명하다.

마르크스주의에서 도덕은 변화하는 물질적 환경에 의존하며, 상대적일 뿐 아니라 폭로되어야 할 환상이고, 그 뒤에 계급적인 이해관계를 감추고 있는 편견의 다발일 뿐이다.[2] 좀 쉽고 거칠게 이야기하자면, 지배계급은 자신들의 지배를 정당화하고 공고히 하기 위해 '도덕'을 이용한다는 것이다. 하층계급의 기존 체제에 대한 저항을 '너, 도덕적으로 그러면 안 돼!'라는 식으로 금지시킴으로써 저항하려는 시도를 무력하게 만들 수 있다는 이야기다.[3]

---

2. 예컨대, 프리드리히 엥겔스(Friedrich Engels, 1820~1895)는 『반(反)뒤링론(Anti-Dühring)』(1878)에서 다음과 같이 말한다. "우리는 도덕이 국가들 사이의 차이와 역사를 넘어선 영원한 원리를 가진다는 것을 구실로 하여 그 어떤 도덕적인 도그마를 영원하고 궁극적이며 불변의 윤리적인 법칙으로서 우리에게 부과하려는 모든 시도를 거부한다. 반대로 우리는 모든 도덕 이론은 궁극적으로 분석해보면 그 시대에 그 사회가 가지고 있는 경제적 조건의 산물이었다고 주장한다. 또한 사회는 이제까지 계급 갈등 속에서 움직여왔으므로, 도덕은 항상 계급의 도덕이었다." 스티븐 룩스(Steven Lukes), 황경식·강대진 옮김, 『마르크스주의와 도덕』(서광사, 1985/1994), 27쪽·36쪽.

3. 룩스는 마르크스주의의 이런 도덕관은 '결과주의(consequentialism)'의 산물이라고 주장한다. 결과주의는 영국의 분석철학자 엘리자베스 앤스콤(Elizabeth Anscombe, 1919~2001)이 1958년에 쓴 「현대의 도덕 철학(Modern Moral Philosophy)」이란 논문에서 만든 말로, 단순하게 말하자면 "목적이 수단을 정당화한다(the ends justify the means)"는 이론이다. 룩스는 다음과 같이 말한다. "결과주의는 결과에 의해서만 행위들을 판단하며 행위 주체들에게 모든 것을 고려할 때 가능한 한 최선의 결과를 산출하도록 요구하는 이론을 의미한다. 결과주의는 행위 주체가 전체적으로 최선의 결과를 가져오도록 행동한다면 항상 옳다고 주장함으로써 옳음과 좋음을 연결 짓는다." 스티븐 룩스(Steven Lukes), 황경식·강대진 옮김, 『마르크스주의와 도덕』(서광사, 1985/1994), 211쪽; 「Consequentialism」, 『Wikipedia』.

'진보정치에 대한
사형선고'

　　　　그래서 마르크스주의자들은 도덕을 무시
했을 뿐만 아니라, 인간 해방을 위해선 '폭력' 과 '공포' 도 불가피하
다고 생각했다. 그런데 바로 이게 마르크스주의의 발목을 잡았다.
대중은 '인간 해방' 에 앞서 마르크스주의자들이 행사하는 '폭력' 과
'공포' 에 더 강한 혐오와 반감을 가졌기 때문이다.[4]

　사회학자 김동춘은 『근대의 그늘』(2000)에서 이 원리를 한국의
사회주의 역사에 대한 평가에 적용한다. 그는 한국 좌익의 몰락은
반드시 일방적인 정치적 탄압에만 그 원인이 있는 것은 아니라며, 다
음과 같이 말한다.

　"신탁통치 반대운동 당시 좌익의 급작스러운 정치노선상의 변
화는 좌익의 도덕성을 무너뜨리는 데 일조했으며, 한국전쟁 기간의
인민공화국 치하에서 이들이 펼친 부정적 정책들은 사회주의 일반
이 지닌 호소력을 급격히 떨어뜨리는 데 기여했다.……여기서 필자
는 한국 사회주의자들이 '도덕성morality' 의 문제를 등한시한 대가를

---

4. 흔히 결과주의의 반대로 명분주의 또는 명분론이 거론되지만, 둘 사이의 경계가 명확한 건 아니다. 명
분을 앞세운 결과주의도 있기 때문이다. 명분을 앞세운 결과주의는 자신들의 목적이 더 선하고 정의
롭다고 믿는 도덕적 우월감을 가진 세력에 많이 나타난다. 마르크스주의가 꿈꾸는 인간 해방의 과정
이 짧다면 결과주의의 강점이 두드러지겠지만, 과정이 길어진다면 이야기는 달라진다. 인간 해방은 멀
고 인간 행태는 가깝다. 마르크스주의자들이 보이는 인간 행태에 대한 대중의 혐오와 공포가 인간 해
방이라는 가치를 압도할 수밖에 없다.

톡톡히 치렀다고 말하고 싶다.……전통적으로 유교적 도덕률이 사회적 힘을 갖는 한국에서처럼 이것이 잘 적용된 예도 드물 것이다. 민중은 원래 그러하지만, 특히 한국 민중이 지도자나 정치가를 평가하는 기본 잣대는 도덕성이다."[5]

　　1990년대의 학생운동권, 특히 한국대학총학생회연합(한총련)과 오늘날의 일부 진보정당도 마찬가지다. 김형민은 1997년 6월 벌어진 두 차례의 '프락치' 혐의자에 대한 타살 과정은 '괴물의 탄생'과도 같았다고 말한다. 그는 "탄압을 받고 있다는 이유로 비판을 외면하고, 옳다고 믿는 '시대적 정의'를 위해 현실 감각을 포기하고, '자심한 프락치 공작'을 이유로 또래 젊은이들을 물 적신 담요에 말아 두들기고 '맞고 불래? 불고 맞을래?'를 뇌까리며 녹음기를 들이미는 괴물이 되었던" 비극은 아직 끝나지 않았다고 말한다.

　　"그러나 슬프게도 최근 수삼 년 동안, 나는 한총련 몰락의 데자뷔를 어느 진보정당의 노정에서 발견하고 있다. 자신들이 옳다는 가치를 근거로 당 대회장을 점거하고 거침없이 폭력을 휘두르고, 밖으로는 전파되기 어려운 자신들만의 신념 체계 속에 갇힌 채 정권의 탄압을 자신들의 정당성의 도구로 삼으며 현실 세계와는 점차 멀어지고 있는 이들의 행보는 한총련의 그것과 크게 다르지 않아 보인다."[6]

　　한총련 몰락의 데자뷔를 연출한 어느 진보정당의 노정은 결국

---

5. 김동춘, 『근대의 그늘: 한국의 근대성과 민족주의』(당대, 2000), 265~266쪽.
6. 김형민, 「의장님만 믿고 또래 젊은이를 고문했는가」, 『한겨레』, 2014년 3월 8일.

진보정치 전체를 죽이는 결과를 초래하고 말았다. 2014년 7월에 출간된 『위기의 진보정당 무엇을 할 것인가: 부산 지역 진보정당 평당원 4인의 작은 목소리』라는 책은 진보정당에 대해 다음과 같은 진단을 내리고 있다.

"한때 진보 진영은 민주주의를 향한 헌신성, 약자들과 함께하는 정의, 연대의 정신과 동일시되었지만 이제는 기성 정치권만큼이나 아니 그보다 더 부패한 세력으로 비치기 시작한 것이다.……진보정당들은 고립되었고, 왕조를 숭배하는 '반민주주의' 진영이 되었으며, 성찰하고 반성하지 않는 집단으로 전락했다. 이런 상황에서 진보가 몰락하지 않으면 그게 더 이상하다. 2000년 민주노동당 창당과 함께 '민중의 독자적 정치세력화'의 희망에 부풀었던 진보 진영은, 제도권에 진입한 지 십수년 만에 초라한 성적표를 받아든 낙제생이 되었고, 도덕성에 심각한 문제가 있는 집단으로 낙인찍혔다. 2014년 지방선거의 결과는 이미 몰락한 진보정치에 대한 사형선고인 셈이다."[7]

2014년 7·30 재보선은 그 '사형선고'를 재확인해주었다. 정도의 차이는 있을망정 민주당과 그 지지자들은 좌파 진보의 그런 행태와 습속을 적잖이 갖고 있다. 그렇지만 이들이 그런 문제의 심각성을 이해하지 못하는 데엔 보수의 노력과 진보의 도덕이 다르다는

7. 이광수·남종석·이창우·최희철, 『위기의 진보정당 무엇을 할 것인가: 부산지역 진보정당 평당원 4인의 작은 목소리』(앨피, 2014), 12~13쪽.

점, 즉 도덕의 다차원성에 대한 무지도 적잖이 작용하고 있다.

인간의 도덕은
하나가 아니다

해외여행을 많이 다녀본 사람이라면 절감하겠지만, 인간의 도덕은 하나가 아니다. 문화권마다 각기 다른 도덕 체계를 갖고 있다. 미국 시카고대학 인류학자 리처드 슈웨더Richard A. Shweder, 1945~는 전 세계의 도덕 체계를 두루 살핀 끝에 도덕은 ① 개인 자율성의 윤리, ② 공동체의 윤리, ③ 신성함의 윤리 등 세 가지 차원으로 구성되어 있다고 주장했다.

개인 자율성의 윤리는 개인주의 사회에서 나타나는 지배적 윤리로, 사람들이 저마다의 욕구·필요·애호를 지닌 자율적 개인이라는 전제하에 개인의 권리와 자유, 개인 간 형평과 정의를 중시한다. 공동체의 윤리는 사람이란 가족·팀·회사·군대·부족·나라 등 자신보다 큰 실체의 구성원이라는 전제하에 공동체의 통합을 위해 의무·위계질서·공경·명성·애국심 등을 중시한다. 신성함의 윤리는 인간은 신의 자식이며, 따라서 그에 맞는 행동을 보여주어야 한다는 전제하에 거룩함과 죄악, 순결과 오염, 고결과 타락 등의 도덕적 개념을 중시한다.[8]

이미 중고교 시절 문화상대주의cultural relativism를 열심히 배운 우리로서는 이건 뭐 새로울 게 없는 상식 수준의 이야기일 수도 있다. 그런데 우리는 문화권 또는 국가별로 각기 다른 도덕 체계를 갖고 있다는 데엔 쉽게 수긍하면서도, 한 국가 내에서 이념이나 당파성 역시 각기 다른 도덕 체계의 산물일 수 있다는 생각은 하지 않는 경향이 있다. 그건 도덕을 좁게 해석해 개인 자율성의 윤리로만 생각하기 때문이다.

슈웨더의 세 가지 도덕 체계를 자신의 실험에 응용한 뉴욕대학 심리학자 조너선 하이트Jonathan Haidt, 1963~는 대학생들은 거의 자율성의 윤리만을 도덕성의 언어로 삼아 이야기한 반면, 다른 집단(특히 노동자 계층 집단) 사람들은 공동체의 윤리를 그보다 훨씬 더 많이 사용하고 있었고, 신성함의 윤리도 좀더 이용하고 있었다고 말한다.[9]

최근 연구에선 개인·공동체·신성이라는 도덕의 세 차원 가운데 진보적인 사람들은 개인을 특히 더 중시하는 반면에 보수적인 사람들은 셋 다 비슷하게 중시한다는 사실이 밝혀졌다.[10] 한국에서도 저소득층 유권자들이 보수정당이나 후보를 지지하는 건 경제적 이해관계보다 사회적·문화적 가치를 중시하기 때문인 것으로 밝혀졌다.[11]

8. 조너선 하이트(Jonathan Haidt), 왕수민 옮김, 『바른 마음: 나의 옳음과 그들의 옳음은 왜 다른가』 (웅진지식하우스, 2012/2014), 194~196쪽.
9. 조너선 하이트(Jonathan Haidt), 왕수민 옮김, 『바른 마음: 나의 옳음과 그들의 옳음은 왜 다른가』 (웅진지식하우스, 2012/2014), 197쪽.
10. 전중환, 「보수와 진보의 도덕」, 『한겨레』, 2013년 10월 29일.

진보는 자신들이 '수구꼴통' 이라고 욕하는 사람들에게도 그들 나름의 도덕적 세계가 있다는 걸 좀처럼 인정하지 않으려고 한다. 즉, '다름'을 '틀림'으로 파악하는 데에 아주 익숙한 것이다. 우리는 다른 나라 사람들에겐 그런 다른 세계가 공존할 수 있다는 걸 인정하면서도 우리 내부에서는 인정하지 않는데, 이건 한국 사회의 강한 사회문화적 동질성 때문이다.

한국은 오랜 세월 누려온 사회문화적 동질성으로 인해 '에스노센트리즘ethnocentrism'이 강한 나라다. 자민족중심주의, 자문화중심주의, 자기집단중심주의 등으로 번역할 수 있는 이 말은 자신의 문화를 다른 문화에 비해 우월하다고 여기는 걸 뜻하기도 하지만, 다른 것에 대한 편견은 강한 반면 인내심이 약한 성향을 가리킬 때에 쓰이기도 한다. 예컨대, 에스노센트리즘이 강한 사람일수록 강한 동성애혐오증homophobia을 갖고 있다.[12] 한국인들이 일반적으로 동성애자, 미혼모, 외국인 노동자, 혼혈인 등에 대해 어떤 생각을 갖고 있는지 살펴보면, 쉽게 이해가 될 것이다. '다름'을 '틀림'이라고 말하는 언어 습관도 그런 성향과 무관치 않은데, 이게 도덕의 다차원성을 이해하는 데에도 장애가 되는 것이다.

11. 한귀영, 「왜 가난한 이들은 보수정당을 지지했는가?」, 이창곤 · 한귀영 엮음, 『18 그리고 19: 18대 대선으로 본 진보개혁의 성찰과 길』(도서출판 밈, 2013), 35쪽.

12. Joseph A. Devito, 『Human Communication: The Basic Course』, 11th ed.(New York: Pearson, 2009), pp.47~48; Ronald B. Adler et al., 『Interplay: The Process of Interpersonal Communication』, 7th ed.(New York: Harcourt Brace, 1998), p.63.

한국인의 유별난 사회문화적 동질성은 이른바 '도덕적 자유 moral freedom'의 범위도 협소하게 만들어 도덕적 가치의 다양성을 훼손하는 경향이 있는바,[13] 바로 여기서 싸가지가 중요한 의미를 갖게 된다. 즉, "나와는 다르구나" 또는 "우리와는 다르구나" 하고 넘어갈 수 있는 것마저 '싸가지 없음'으로 보는 경향이 있다는 것이다.

마이클 샌델이 한국에 와서 깜짝 놀란 이유

진보는 공동체의 윤리에 대해 적대적이거나 냉소적이다. 많은 진보적 지식인이 앞다투어 민족주의, 국가주의, 애국심 등을 비판한다. 한국보다는 세계를 지향하는 통 큰 배포 때문에 그러는 사람도 있겠지만, 대부분은 과거 군사독재정권 시절의 폭압적 집단주의에 된통 당했던 기억, 즉 이른바 '뱀에 물린 효과 snake bite effect' 때문에 그러는 것 같다.

한국에서 『정의란 무엇인가』라는 책으로 선풍을 불러일으킨 하

---

13. '도덕적 자유'는 좋은 삶을 위한 도덕에 대한 선택의 폭을 가리키는 개념인데, 미국 보스턴대학 정치학자 앨런 울프(Alan Wolfe)는 초기 미국인들은 협소한 도덕관을 갖고 있었지만 오늘날 대다수의 미국인들은 '도덕적 자유'라는 개념에 대해 편안하게 여긴다고 말한다. Alan Wolfe, 『Moral Freedom: The Search for Virtue in a World of Choice』(New York: W.W. Norton & Co., 2001), pp.195~228.

버드대학 교수 마이클 샌델Michael Sandel, 1953~이 한국에 와서 느낀 놀라움도 바로 그런 '뱀에 물린 효과'를 간과했기 때문이다. 그는 공동체주의에 대한 한국 지식인들의 적대적 반응을 보고 깜짝 놀랐는데, 나중에서야 정치적·문화적 배경의 중요성을 이해하게 되었다고 토로했다.

"전통과 공동체, 권위를 중요시하는 한국 사회에서는 자유주의적 개인주의가 기운을 북돋우는 것이요, 힘을 주는 해방적 이상이요, 진보적 개혁을 위한 유망한 자원이라는 것을 나는 깨달았다. 자유주의적 정치 철학에 대한 내 자신의 도전은, 자유주의적 개인주의가 너무나 친숙해서, 대부분의 공적 담론에서 지배적 힘을 가진 정통적인, 그리고 인식하지 못하는 사이에 이루어지는 출발점으로 역할을 하게 된 사회에서 형성된 것이었다."[14]

샌델이 미리 송재룡의 책을 읽었더라면 그렇게 놀랄 일은 없었을 것 같다. 송재룡은 『포스트모던 시대와 공동체주의』(2001)에서 공동체주의에 대한 오해와 편견은 특히 서구의 계몽주의적 사상의 전통을 갖고 있지 못한 나라들, 예컨대 한국을 포함하는 아시아와 중남미의 여러 사회에서 자못 심각하다고 말한다. 이들 사회는 공동체주의를 자신들의 역사를 오랫동안 수놓아온 권위주의적·집단주의적 전통과 유사한 어떤 것으로 간주한다는 것이다. 미국의 공동체주

---

14. 마이클 샌델(Michael Sandel), 김선욱 외 옮김, 『공동체주의와 공공성』(철학과현실사, 2008), 10쪽.

의자들은 한국의 자유주의자들보다 자유주의적이며, 한국의 자유주의자들은 미국의 공동체주의자들보다 공동체주의적이라는 말은 바로 그런 오해를 꼬집은 것이라고 볼 수 있다.[15]

그런데 이 문제가 그리 간단치 않다. 지식인이나 정치에 관심을 가진 시민들과 일반적인 대중 사이에 존재하는 간극 때문이다. 지식인이나 앞서가는 시민들은 자유주의적 개인주의를 진보로 간주하지만, 대중은 여전히 전통·공동체·권위를 중요시한다. 민주당은 후자를 중시하는 제스처를 취하긴 하지만, 민주당의 공적 담론을 사실상 장악한 다수의 진보파 의원들로 인해 전자에 크게 경도되어 있다. 이게 바로 '싸가지 없는 진보'라는 평가를 낳게 하는 주요 이유가 된다.

일부 정치학자들은 인구 고령화가 진보의 미래를 어둡게 만들 것이라며 인구 위기론을 제기한다.[16] 이 주장의 타당성 여부에 불문하고, 민주당이 인구 고령화에 맞서 공동체의 윤리에 큰 신경을 써야 한다는 데에 이의를 제기할 사람은 없을 것이다. 그렇지만 민주당은 '노인 때리기 경연대회'를 열기라도 한 것처럼, 노인을 폄하하는 언행을 자주 일삼아왔다. 왜 그럴까? 뭘 몰라서 그러는 걸까? 그게 아니다. 자기편, 그것도 열성적 지지자들만을 상대로 하는 '울타리 정

---

15. 송재룡, 『포스트모던 시대와 공동체주의』(철학과현실사, 2001).
16. 김윤태, 「50대 보수화가 대선을 결정했는가?: 세대 동원의 전략적 오류」, 이창곤·한귀영 엮음, 『18 그리고 19: 18대 대선으로 본 진보개혁의 성찰과 길』(도서출판 밈, 2013), 71쪽.

치'가 체질로 굳어진 탓이다.

이른바 '뉴라이트' 세력이 탄생해 일정 부분 성공을 거둔 것도 진보의 허약한 공동체 윤리를 파고들었기 때문이다. 이들은 노무현이 대통령 취임사에서 대한민국의 역사를 "정의가 패배하고 기회주의가 득세한 역사"라고 말한 것을 '자학적 역사관'으로 규정지음으로써 자신들의 존재 근거 박탈에 불편함을 느끼는 유권자들의 지지를 받았다. 그런 유권자들에겐 이념과 무관하게 아무리 더럽고 추악한 역사라도 그 역사를 터전으로 이룬 오늘의 삶을 긍정하고 싶은 마음이 있기 마련이다. 이들은 대한민국사를 부정적으로 보는 진보 역시 개인적 삶에선 그 체제를 근거로 번영을 누려왔다고 보기 때문에 그런 역사관을 '싸가지 없는 위선'으로 여기는 경향이 있다.

북한 인권 문제도 마찬가지다. 진보는 놀라울 정도로 북한 인권 문제에 침묵해왔으며, 이는 늘 보수의 주된 공격 목표가 되어왔다. 진보가 북한 인권 문제에 침묵하는 이유는 프랑스의 지식인 장 폴 사르트르Jean Paul Sartre, 1905~1980가 "서구자본주의의 문제에 대해 비판의 칼날을 세우면서 왜 소련이 안고 있는 문제들에 대해서는 침묵하느냐"는 기자의 질문에 대해 내놓은 답과 비슷하다.

사르트르는 자신의 실천 원칙은 '지금, 여기now and here'여야 하는바, 자신의 삶의 현장이 바로 자본주의 사회이기 때문에 자본주의의 문제들을 비판하는 것이라고 했다. 또 소련에 대한 비판은 자신이 아니어도 넘쳐나는 데다가 자신까지 소련을 비판하는 경우 그것이 "따라서 현재의 자본주의가 그래도 나은 것"이라는 식으로 현실

을 정당화하고 현실의 문제를 외면하는 데 악용될 것이기 때문이라는 답을 내놓았다.[17]

이런 논리 역시 보수는 물론 중간파에도 '싸가지 없는 위선' 으로 보이기 마련이다. 그간 지식인들은 대중이 '지금, 여기' 에만 집착해 주변을 둘러보지 못한다는 식의 계몽적 비판을 해왔는데, 자신이 그렇게 하는 건 '실천 원칙' 이라는 말로 정당화할 수 있단 말인가? 자신의 비판이 악용당할 수 있다는 우려도 자신에 대한 과대평가일 수 있다는 점에서 반감을 불러일으키기 십상이다.

진보는 공동체의 윤리뿐만 아니라 신성함의 윤리에 대해서도 적대적이거나 냉소적이다. 그렇지만 대중은 다르다. 미국 정치인들은 유권자들에게 어필하기 위해 종교적 수사와 성경 문구로 연설을 치장하기 바쁘다. 샌델의 실감나는 묘사에 따르면, "2000년과 2004년 대선에서 신의 은총을 입고자 하는 경쟁이 얼마나 치열했던지 웹사이트 빌리프넷닷컴beliefnet.com은 '가도미터God-o-Meter' 라는 것을 설정해놓고 각 후보들이 신을 얼마나 언급했는지를 추적했다."[18]

미국에 비해선 훨씬 약하긴 하지만, 한국에서도 신성함의 윤리

---

17. 서강대학교 교수 손호철은 사르트르의 이런 답을 소개하면서 "그러나 경제위기와 함께 심각해지고 있는 북한의 인권 현실과 이에 대한 국제적 관심 등을 고려할 때 북한의 인권 문제는 진보 진영도 언제까지 피해갈 수 있는 문제는 아닌 것은 확실하다"며 "이제 북한 인권에 대해서 사르트르를 넘어설 때가 된 것 같다"고 말했다. 그러나 손호철은 북한 인권 문제에 대해선 예외적인 진보적 지식인이고, 진보의 대다수는 여전히 북한 인권 문제에 침묵하고 있다. 손호철, 「북한 인권과 사르트르」, 『한국일보』, 2005년 12월 13일, 35면.
18. 마이클 샌델(Michael Sandel), 안진환 · 이수경 옮김, 『왜 도덕인가?』(한국경제신문, 2005/2010), 8~9쪽.

가 작동한다. 진보적 성향이 강한 어떤 사이트든 들어가보라. 종교인들, 특히 보수 개신교를 꼴통으로 욕하는 글이 즐비하다. 물론 일부 보수 개신교 지도자들이 워낙 '망언'을 많이 양산해내는 탓에 그런 반감을 이해 못할 바는 아니지만, "하나를 보면 열을 안다"는 식으로 '착각적 상관의 오류fallacy of illusory correlation'로 빠지는 경우가 아주 많다는 게 문제다.[19] 이 또한 '싸가지 없는 진보'의 빌미가 된다.

손학규를 죽인 '관계의 윤리'

위 세 가지가 전부일까? 아니다. 나는 한국적 특수성을 감안하자면 하나의 차원이 더 추가되어야 한다고 생각한다. 그건 바로 '관계의 윤리'다. 한국인 특유의 '관계의 윤리'를 심도 있게 지적한 이는 미국 정치학자 찰스 프레드 앨퍼드Charles Fred Alford다. 그는 수백 명의 한국인과 인터뷰를 하는 등 심층적인 연구를 통해 한

---

19. '착각적 상관의 오류(fallacy of illusory correlation)'는 두 사건 또는 범주 사이에 아무런 관련이 없는데도 관련이 있다고 여기는 것을 말한다. 1967년 이 개념을 만든 심리학자 로렌 채프먼(Loren Chapman)과 진 채프먼(Jean Chapman)은 참가자들에게 계란-호랑이, 노트북-베이컨, 사자-꽃 같은 식으로 두 개씩 짝지어진 단어를 보여주고, 약간의 시간이 흐른 뒤에 그들이 보았다고 생각하는 단어의 짝을 조사하는 실험을 했다. 대다수의 참가자가 실제로는 제시된 적이 없는 호랑이-사자 짝을 보았다고 대답했는데, 이는 고정관념에 따른 착각이었다. 「Illusory correlation」, 『Wikipedia』; 이남석, 『편향: 나도 모르게 빠지는 생각의 함정』(옥당, 2013), 350~353쪽; 김경미, 『행복한 심리학』(교양인, 2010), 95쪽.

국인들은 선악善惡마저 관계의 관점에서 이해할 정도로 관계에 집착한다는 결론을 내렸다. "한국적 관점에서 본다면 악은 관계에 의해 정의되는 게 아니라 관계 자체이며, 혹은 관계의 배반이다."[20]

한국 정치에서 '인물 중심주의'는 악惡을 주로 관계의 관점에서만 이해하는 한국인의 상대주의로 인해 더욱 강화된다. 즉, 누가 더 나쁜가 하는 상대적 기준에 의해 평가를 내리기 때문에 자신이 지지하는 인물의 그 어떤 중대한 결함이 나타난다 해도 지지엔 아무런 영향을 미칠 수 없다는 뜻이다.

반면 아무런 과오가 없다 하더라도 노선 변경은 '배신'으로 간주되어 지워지지 않는 주홍글씨가 된다. 김어준이 진보에서 보수, 다시 보수에서 진보로 노선을 바꾼 손학규에 대해 "산업스파이 같은 느낌"이 든다고 말한 건 잔인한 혹평이지만,[21] 결국 그런 이미지가 손학규의 정계 은퇴까지 불러온 건 아닐까?

『경향신문』 정치부 차장 구혜영은 「손학규의 '야당 7년'」이라는 칼럼에서 민주당이 자폐적인 '관계 중독'에 빠져 있는 현실을 고발한다. 손학규가 2007년 3월 '낡은 수구와 무능한 좌파의 질곡을 깨고 새 길을 창조하기 위해' 한나라당을 탈당했을 때 진보는 어떤 반응을 보였으며 그 후엔 어떠했던가?

---

20. 찰스 프레드 앨퍼드(Charles Fred Alford), 남경태 옮김, 『한국인의 심리에 관한 보고서』(그린비, 1999/2000), 161쪽.
21. 김어준·지승호, 『닥치고 정치: 김어준의 명랑시민 정치교본』(푸른숲, 2011), 233쪽.

구혜영은 "손 고문의 한나라당 탈당 이후 '보따리장수같이 정치해서야 나라가 제대로 되겠나'(노무현 전 대통령), '손학규 영입은 정치적 매춘행위'(정청래 의원), '손학규가 민주개혁세력 정체성에 맞나'(이해찬 의원) 등 온갖 화살이 쏟아졌다. 그러면서도 제1야당은 손 고문을 불쏘시개로 썼다. 그것도 가장 추울 때만 골랐다. 두 번 당 대표를 맡겼다"며 다음과 같이 말한다.

"손 고문에게 새겨진 '주홍글씨'는 제1야당 스스로 계파 연합체를 고백한 결과다. 친소관계가 정치의 본질인 정당. NL은 PD를 공격하고, NL과 PD가 연합해서 비운동권을 공격한다. 기어코 '나와' 다른 점을 찾아 배척하는 버릇이 몸에 뱄다. 남 탓하고 반사 이익에 익숙한 정치는 이런 습성에서 비롯됐다. 당 대표보다 계파 수장이 더 잘 챙겨주니, 당 대표보다 계파 수장 의견을 더 따르는 정치 문화도 필연적이다."[22]

재미있는 일이다. 유권자의 눈엔 더할 나위 없이 싸가지 없는 집단이 각자 자신이 소속되어 있는 계파별 칸막이 안에선 싸가지를 이데올로기처럼 숭배한다는 게 말이다. 하긴 그렇다. 누군가에게 절대적으로 싸가지가 없는 사람은 또 다른 누군가에겐 절대적으로 싸가지가 있는, 즉 맹목적인 충성을 다하는 사람들이 아니던가.

박근혜 정부가 '관피아 척결'을 외치면서 내내 대선 공신에 대

22. 구혜영, 「손학규의 '야당 7년'」, 『경향신문』, 2014년 8월 8일.

한 보은 · 낙하산 인사를 무더기로 자행한 것도 바로 그런 싸가지의 이중성 때문일 것이다. 요즘 조폭에게 의리가 사라져가고 있다던데, 박근혜 정부는 그걸 바로잡아서 진짜 조폭이 되기로 작정한 걸까? 보수신문들마저 그러면 안 된다고 비판해도 오불관언吾不關焉이다.[23]

이렇게 오만방자할 수가 있나 하는 생각이 들 정도로 그런 앞뒤가 안 맞는 짓을 천연덕스럽게 저지르는 것은 국민에겐 싸가지 없는 짓을 하더라도 우리 패거리에겐 '싸가지의 정의'를 구현하겠다는 게 아니고 무엇이겠는가. 싸가지가 전혀 없는 두 정당 사이에서 누가 더 싸가지가 없나를 따져야 하는 유권자의 신세가 처량할 뿐이다.

사실 한국의 패거리주의와 연고주의는 '관계 공학'이라고 해도 과언이 아닐 정도로 관계에 집착하는 생활 이데올로기다. 한국인은 그 누구든 선후배 문화, 학번 문화, 기수 문화 등의 촘촘한 네트워크에서 자유로울 수 없다. 패거리주의나 연고주의는 기본적으론 장유유서長幼有序나 선착순先着順 원리를 기반으로 위계를 중시하는 피라미드 구조지만, 권력과 금력이라는 강력 변수가 개입함으로써 싸가지 문제가 자주 발생하는 온상이 된다. "출세했다고 선배를 몰라보다니"라는 식의 분노 어린 개탄은 지금 이 순간에도 전국 방방곡곡에서 울려 퍼지고 있다.

---

23. 예컨대, '관피아' 이슈를 만들어낸 『중앙일보』는 「관피아 척결, 현직 낙하산부터 잘라내고 시작하라」 (5월 20일), 「또 낙하산·편법 인사… '국가개조' 빈말인가」(5월 22일), 「또 '관피아' 논란…있으나 마나 한 재취업 심사」(6월 4일), 「자니 윤 씨가 관광공사 감사라니…또 보은인사인가」(8월 8일) 등 일련의 사설을 통해 박근혜 정부의 이중성을 비판했다.

우리에게 추석이나 설과 같은 명절이란 무엇인가? 그건 전국의 핵가족과 1인 가족들이 일시적으로나마 대가족으로 뭉치기 위해 벌이는 민족대이동 이벤트다. 그 이벤트에선 누가 더 성공했는지를 따지는 은근하지만 격렬한 '인정 투쟁struggle for recognition'이 벌어진다. 전국적인 '싸가지 전쟁'이라고 해도 과언이 아닐 정도로 싸가지 없는 언행과 이에 대한 반발이 충돌한다. 향우회와 동창회도 다를 게 없다. 자신의 처지가 비참하다고 느끼는 이들은 성공한 자들의 싸가지 없는 꼴을 보지 않기 위해 아예 그런 자리에 나가지 않는다.

모든 한국인이 관계의 윤리에 투철하지만, 이 윤리관은 정치적으론 보수 정당을 편애한다. 관계의 윤리가 지배하는 곳에선 진보적 가치가 들어서기 어렵기 때문이다. 유권자들이 그런 가치보다는 관계 그물망에 속한 인간의 태도와 행태에 대한 평가를 더 소중하게 여기니 이 노릇을 어찌하랴.

보수와 진보의
각기 다른 도덕 시스템

도덕은 윤리학인 동시에 심리학의 영역이다. 진화심리학자 전중환은 "도덕은 본능이다. 곧 도덕성은 우리의 조상들이 사회생활을 하면서 겪었던 여러 적응적 문제를 풀고자 선택된 보편적인 심리기제의 산물이다"고 말한다.[24] 같은 맥락에서 조너선 하이트는 도덕성은 이성과는 아무 관련이 없다며 다음과 같이 말한다.

"도덕적 판단은 미학적 판단과 비슷하다. 우리는 그림을 보는 순간 그 그림이 우리 마음에 드는지 아닌지 그 자리에서 자연스럽게 안다. 누군가가 왜 그런 판단을 내렸느냐고 물으면 우리는 이런저런 의견을 제시할 것이다. 도덕적 논쟁도 이와 매우 흡사하다. 두 사람이 어떤 문제를 놓고 강력한 감정을 표출한다. 감정이 먼저이고, 이유는 서로 대화를 나누기 위해 도중에 만들어진다."[25]

하이트는 진보주의자의 도덕성은 희생자들의 피해와 고통, 공평성 여부에 가치를 두는 반면, 보수주의자들이 중시하는 도덕적 가치는 충성심, 권위 같은 것들이라고 말한다. 하이트는 진보주의자들에게 보수주의자들의 애국심이나 가족주의, 권위주의, 감세 정책 지지를 단순히 개인적 이해나 차별주의적 '병증'으로만 보지 말고 이해를 시도해보라고 권한다. 그는 "세상에는 하나 이상의 도덕적 진실이 있다"며 "다른 사람 눈으로도 사물을 바라보는 '공감'이야말로 서로 자신만 바르다는 확신을 녹이는 해독제"라고 말한다.[26]

미국의 인지언어학자 조지 레이코프George P. Lakoff, 1941~는 『도덕

---

24. 전중환, 『오래된 연장통: 인간 본성의 진짜 얼굴을 만나다』(사이언스북스, 2010), 192쪽.
25. 조나 레러(Jonah Lehrer), 강미경 옮김, 『탁월한 결정의 비밀: 뇌신경과학의 최전방에서 밝혀낸 결정의 메커니즘』(위즈덤하우스, 2009), 274쪽.
26. 조너선 하이트(Jonathan Haidt), 왕수민 옮김, 『바른 마음: 나의 옳음과 그들의 옳음은 왜 다른가』(웅진지식하우스, 2012/2014); 김종목, 「[책과 삶] 이성은 직관의 '변호사' …상대방 직관을 보면 통한다」, 『경향신문』, 2014년 4월 26일.

의 정치Moral Politics』(2002)에서 미국의 민주당–공화당 대결 구도를 도덕의 관점에서 분석한다. 열렬한 민주당 지지자인 그는 보수주의자가 승리를 거둔 1994년 중간선거 기간 동안 "내 눈에 보수주의자(공화당)와 진보주의자(민주당)가 서로 판이한 도덕 시스템을 가졌고, 양 진영의 정치적 담론은 상당 부분 그들의 도덕 시스템에서 비롯된 것이라는 점이 뚜렷하게 보였다"며 다음과 같이 말한다.

"다른 많은 진보주의자들처럼 나도 한때는 보수주의자들을 천박하고, 감정이 메마르거나 이기적이며, 부유한 사람들의 도구이거나, 혹은 철저한 파시스트들일 뿐이라고 얕잡아 생각했었다. 그러나 대부분의 보수주의자들은 자신들을 고도의 도덕적 이상주의자로 간주하며, 그들이 깊이 믿는 것이 정당하다고 주장하는 보통 사람들이라는 점을 깨닫게 되었다. 그리고 이제야 보수주의에 왜 그토록 열렬하게 헌신적인 사람이 많은지를 깨닫게 되었다. 그리고 보수주의를 잘 이해하게 된 지금은 그 어느 때보다 보수주의를 더욱 두려워하게 되었다."[27]

레이코프는 그런 성찰 끝에 자신이 지지하는 민주당 진영에 이런 고언을 내놓는다. "진보주의자들이 정치에서 도덕과 신화와 감정적인 측면을 무시하는 한, 정책과 관심을 가진 그룹과 사안별 논쟁에만 집착하는 한, 그들이 이 나라를 뒤덮은 정치적 변화의 본질을 이

---

27. 조지 레이코프(George Lakoff), 손대오 옮김, 『도덕의 정치』(생각하는백성, 2002/2004), 33쪽 · 402쪽.

해하게 될 희망은 전무하다."[28]

'민주 대
반민주'라는 독약

잘 생각해보자. 사람들은 이념에 분노하지 않는다. 도덕에 분노한다. 거대한 것에 분노하지 않는다. 사소한 것에 분노한다. 시인 김수영은 1965년 「어느 날 고궁을 나오면서」라는 시에서 "왜 나는 작은 일에만 분개하는가"라고 했고, 이를 받아 소설가 박완서도 1990년 "나는 왜 작은 일에만 분개하는가"라고 자문자답했지만,[29] 이 물음은 사회적 삶을 사는 우리 모두에게 똑같이 적용되는 동시에 던져진 숙제라고 보는 게 옳을 것이다.[30]

---

28. 조지 레이코프(George Lakoff), 손대오 옮김, 『도덕의 정치』(생각하는백성, 2002/2004), 41쪽.
29. 박완서, 『나는 왜 작은 일에만 분개하는가』(햇빛출판사, 1990), 98~110쪽.
30. 이와 관련, 파킨슨의 법칙(Parkinson's Law)으로 유명한 영국의 역사학자이자 경영연구가였던 노스코트 파킨슨(C. Northcote Parkinson, 1909~1993)은 '사소한 것에 대한 관심의 법칙(Law of Triviality)'을 제시했다. 그는 이 법칙을 설명하기 위해 새 공장을 지을 것이냐 말 것이냐를 결정하는 대기업 임원 회의를 사례로 들었다. 이들은 1억 파운드가 넘게 드는 공장을 신축하기로 한 결정을 이렇다 할 반론 개진도 없이 15분 만에 내린 반면, 본부 건물 앞에 직원용 자전거 거치대를 세우는 3,500파운드짜리 공사에 대해선 1시간이 넘게 격론을 벌였다. 왜 그랬을까? 수백억 단위나 그 이상의 예산을 다루는 사람에겐 그런 돈에 대한 현실 감각이 없다. 그냥 숫자에 불과할 뿐이다. 그러나 자신의 실제 생활과 밀접한 관련을 맺고 있는 예산, 예컨대 자전거 거치대와 같은 것을 설치하는 데에 들어가는 수백만 원의 돈에 대해선 매우 민감하게 반응하기 마련이다. 자신이 잘 알거니와 피부에 직접 와닿기 때문이다. 그래서 깊은 관심을 보이기 마련이고, 논의하는 시간도 오래 걸린다. 유권자들이 정치를 대하는 방식도 이와 다르지 않다. 노스코트 파킨슨, 김광웅 옮김, 『파킨슨의 법칙』(21세기북스, 1957/2003), 48쪽; 정성훈, 『사람을 움직이는 100가지 심리법칙』(케이앤제이, 2011), 190~191쪽.

우리는 사소한 것에 분노하는 동시에 자신을 중심으로 자신과 비교해서 분노한다. 이념이나 정책은 피부에 와닿지 않기 때문에 분노의 소재론 한계가 있다. 따라서 한국의 현 여야관계도 도덕의 관점에서 이해할 수 있다.

전중환은 「보수와 진보의 도덕」이라는 『한겨레』(2013년 10월 29일) 칼럼에서 슈웨더의 연구 결과를 언급하면서 "유권자들은 경제적 이득이 아니라 도덕적 가치에 따라 투표한다는 것, 그리고 여기서 보수와 진보가 이해하는 도덕은 사뭇 다르다는 것은 우리 사회에 유용한 시사점을 준다"며 다음과 같이 말한다.

"예를 들어, 지난 대선에서 저소득층이 새누리당을 훨씬 더 지지한 이유는 교육 수준이 낮아서 사탕발림에 쉽게 넘어갔기 때문이며, 그러니 진보세력이 그들의 삶을 향상할 유일한 대안임을 확실히 인식시키기만 하면 문제가 저절로 다 해결되리라는 분석은 이런 점에서 한계가 있다. 진보세력은 보수적인 국민들이 그들에게 품는 생래적인 거부감, 곧 국가안보와 사회질서를 흔드는 '비도덕적인' 정당이라는 시선을 어떻게 바꿀지 궁리할 필요가 있다."

탁월한 분석이다. 전중환은 말을 조심스럽게 했지만, 요즘 유행하는 말로 '돌직구'를 날리자면 민주당은 우선적으로 도덕에서 새누리당에 패배했다고 말할 수 있다. 이렇게 말하면 민주당 지지자들은 당장 "어떻게 새누리당의 도덕이 더 낫단 말이냐?"고 펄쩍 뛰겠지만, 보수와 진보가 이해하는 도덕은 사뭇 다르다는 점을 상기하는 게 좋겠다. 물론 진보가 억울하게 생각하는 건 당연하지만, 보수와 진보에 대한 유권자들의 판단 준거점이 다르다는 걸 이해해야 한다. 즉, 똑같이 과오를 저질러도 진보가 더 욕먹게 되어 있다. 세상 민심이 그런 걸 어이하랴.

그렇지만 도덕을 강조하는 건 '진보 죽이기'의 음모라거나 진보가 그런 음모에 휘말려들면 안 된다는 주장을 공공연하게 펼치는 진보 논객도 적지 않다. 진보 진영의 내부 비판에 대해서도 그럴 시간과 힘이 있으면 보수 진영을 비판하라는 주장도 만만치 않다. 이런 주장에 일리가 없는 건 아니지만, 진보 진영은 사실상 그간 그런 식의 대응을 해온 셈인데, 그 결과가 어떠했는지 이젠 한 번쯤 뒤돌아볼 때도 되지 않았을까? 무력혁명을 하겠다는 것도 아니면서, 즉 선거의 존재와 가치를 인정하면서 일반 유권자들의 정서를 무시해서 어쩌자는 건가.

진보에 가장 필요한 건 레이코프가 했던 종류의 자기 성찰이다. 즉, 보수주의자들을 경멸하고 혐오만 할 것이 아니라 그들을 이해하고 더 나아가 존중까지 해야 한다는 것이다. 그런 점에서 보자면, 민주당이 수십 년째 신봉해오고 있는 '민주 대 반민주'라는 신념이자 구호는 민주당에 '독약'이 되고 있다. 설사 이런 이분법 구도에서 민주 쪽에 속한 사람일지라도, 민주당을 지지하면 '민주'요 반대편을 지지하면 '반민주'라는 도식은 시대착오적인 정도를 넘어 속된 말로 '찌질'하다고 생각한다.

'민주 대 반민주'라는 구호는 자기만족을 위한 마스터베이션인지라 사라지긴 쉽지 않다. 2014년 8월 5일 민주당 의원 신기남은 트위터를 통해 "제1야당은 진화해나가는 과정 속에 있다. '반군사독재 민주화진영'에서 '중산층과 서민을 위한 정당'으로, 다시 '진보 세력의 중심체'로 나아간다. 군사독재에 부화뇌동하며 기득권을 뿌리 내려왔던 '보수기득권 세력'과 일관되게 대척점에 서온 역사적 자리매김이다"라고 했는데, 왜 유권자들에게 처절한 버림을 받았는지에 대해선 아무런 말이 없다.

이제 남은 건 상처받은 맹수의 독기뿐일까? 전 청와대 경제수석 김종인이 『조선일보』인터뷰에서 "진보니 보수니 하는 노선 다툼을 그만둬야 한다. 전 세계적으로 이데올로기가 사라진 지 20년이 넘었다"라고 말한 것에 대해 신기남이 보인 거친 반응도 보기에 딱하다. 그는 "노선 다툼 없이 정당 존재 이유가 있냐?"며 "이데올로기가 사라졌다니? 무뇌아가 됐나? 호모사피엔스임을 포기하려는가?"라고 비난했다.[31] '무뇌아'란 말을 쓰지 않고선 자신의 반론을 펼 수 없는 건가? 아니면 트위터의 속성에 영합하려는 책략인가? 내가 보기엔 '민주 대 반민주'라는 독약을 섭취한 탓이다.

---

31. 탁상훈, 「신기남, 김종인에 "무뇌아" 직격탄」, 『조선일보』, 2014년 8월 6일.

'품위 있는 진보'는
가능한가?

'싸가지 없는 진보'를 넘어서자는 관점에서 보자면, 민주당 의원 최민희가 "박근혜 정부가 성공해야 진보 집권 기회가 온다"며 "진보와 정의를 외치는 사람은 절제의 미덕을 가져야 한다. 예의를 지키는 게 진보의 미덕이다"고 말한 건 매우 고무적이다.[32]

그런 점에서 미국 정치철학자 마이클 왈저Michael Walzer, 1935~가 말한 "품위 있는 좌파는 가능한가?Can There Be a Decent Left?"라는 물음에 대해 생각해보는 것도 좋을 것 같다. 그는 9·11 테러 이듬해 봄에 『이견Dissent』지에 이 질문을 제목 삼아 쓴 글에서 많은 좌파 비판가가 지닌 "조건반사적인 반미주의, 구좌파 교조주의, 정치적으로 올바르고 도덕적으로 순수한 분파를 넘어서는 동료애의 거부"를 비판했다. 그는 좌파가 '죄책감과 분노의 정치'에서 벗어나 "먼저 품위decency를 지닐 것"을 호소했다.[33]

잘난 척하는 도덕적 우월감도 버려야 한다는 건 두말할 나위가 없다. 2003년 미국 민주당 대선후보 지명전에 참가했던 존 에드워즈John Edwards, 1953~는 "지난 수십 년 동안 민주당이 끊임없이 저지른 죄

---

32. 박성우·강태화, 「친노 최민희 "박근혜 정부 성공해야 진보 집권 기회"」, 『중앙일보』, 2014년 2월 14일.
33. 곽준혁, 『경계와 편견을 넘어서: 우리시대 정치철학자들과의 대화』(한길사, 2010), 248쪽.

악은 속물근성이었다"고 말했다.[34] 실제로 한 여론조사에서 민주당 지지자들 가운데 43퍼센트가 '남에게 과시하는 것을 좋아한다'고 인정했으며, 또 다른 여론조사에서는 그들 가운데 75퍼센트가 '지식인'이라고 생각하는 것으로 나타났다.[35]

노골적인 친親공화당 노선으로 상업적 성공을 거둔 미국 폭스 뉴스 사장 로저 에일리스Roger Ailes, 1940-는 "저기 바깥에 있는 사람들은 '푸른 주(민주당이 승리한 주)'들이 자신들보다 훨씬 더 똑똑하다고 생각하는 것에 대해 깊은 반감을 품고 있다"고 했다.[36] 폭스 뉴스는 그런 '반감'을 밑천으로 성공적인 장사를 한 셈이지만, 그걸 뒤집어 생각할 수 있어야 한다.

민주당과 민주당 지지자들이 새누리당과 그 지지자들을 어리석고, 탐욕스럽고, 더 나아가 사악하다고까지 생각하는 한 민주당은 필패必敗하게 되어 있다. 그런데 흥미롭고도 놀라운 사실은 민주당을 지지하는 논객들과 언론인들의 대부분이 그런 시각으로 새누리당과 그 지지자들을 대하고 있다는 점이다. 상대가 분노하게끔 조롱하면서도 그걸 풍자나 정당한 비판이라고 주장하는 게 자연스럽게 받아들여지고 있다. 이게 바로 싸가지의 문제요 도덕의 문제라는 걸 전

---

34. 토머스 프랭크(Thomas Frank), 김병순 옮김, 『왜 가난한 사람들은 부자를 위해 투표하는가: 캔자스에서 도대체 무슨 일이 있었나』(갈라파고스, 2004/2012), 324쪽.
35. 토머스 프랭크(Thomas Frank), 김병순 옮김, 『왜 가난한 사람들은 부자를 위해 투표하는가: 캔자스에서 도대체 무슨 일이 있었나』(갈라파고스, 2004/2012), 36~37쪽.
36. 마이클 르고(Michael LeGault), 임옥희 옮김, 『싱크! 위대한 결단으로 이끄는 힘』(리더스북, 2006), 99~100쪽.

혀 깨닫지 못하거나 일부러 외면하고 있는 것이다.

사회과학자들도 도덕을 가볍게 여기는 경향이 있다. 이들은 노선과 정책과 법이 중요하다고 역설한다. 물론이다. 그러나 그 중요한 걸 해낼 수 있는 힘은 어디서 나오는가? 정치인과 정치집단이 도덕적 신망을 잃어 '식물화' 되면 아무 일도 할 수 없게 된다. 그 목적이 아무리 숭고해도 도덕이 파탄나면 아무 일도 할 수 없다. 도덕주의는 내쫓고 도덕을 불러들여야 한다. '싸가지 없는 진보' 는 진보에 해가 된다는 걸 잊지 말아야 할 것이다.

'풀뿌리 건설'만이 살길이다

엘리트들끼리 돌아가면서
해 처먹는 정치

"우리의 문명 세계는 그저 하나의 커다란 명목에 지나지 않는다. 거기에는 장교가 있고 졸병이 있고 친구, 의사, 변호사, 목사, 철학자가 있고, 이 밖에도 수없이 많은 직업이 있으나 그들의 직업이 그들을 대표하고 있지는 않다. 직업이란 하나의 가면에 지나지 않으며 거의 모든 직업에 돈벌이꾼들이 숨어 있다."[1]

독일 철학자 쇼펜하우어Arthur Schopenhauer, 1788~1860의 말이다. 못

---

1. 노명우, 『혼자 산다는 것에 대하여: 고독한 사람들의 사회학』(사월의책, 2013), 144쪽.

말리는 염세주의자인 그의 말을 믿어야 하는가? 불행히도 우리의 현실은 이 말을 반박할 수 있는 충분한 근거를 제공해주지 않는다. 특히 정치가 그렇다.

미국 뉴욕대학 정치학 교수 버나드 마넹Bernard Manin, 1951~이 『선거는 민주적인가: 현대 대의 민주주의의 원칙에 대한 비판적 고찰』이라는 책에서 지적했듯이, "오늘날 우리가 목격하고 있는 현실은 단지 '새로운 엘리트의 부상과 다른 엘리트의 퇴조'일 뿐이다".[2]

즉, 엘리트들끼리 돌아가면서 해 처먹는 정치에서 이념이나 이슈는 그들의 목적을 실현하기 위한 수단에 지나지 않는다는 것이다. 그런 점에서 박남일이 『어용사전: 철학적 인민 실용사전』에서 다음과 같이 말하는 건 귀담아 들을 만하다.

"정치혐오증을 낳는 건 정치의존증이다. 그것은 먹고살기 힘든 세상을 정치가 해결해주리라는 기대에서 비롯된다. 거듭 기대는 무너지고, 실망이 누적되어 기대가 혐오로 바뀌는 것이다. 본질적으로 정치혐오증은 경제 문제에서 기인한다. 그럼에도 경제혐오증이라는 말은 없다. 국가혐오증이나 체제혐오증도 없다. 정치가 나머지 모두를 지배한다고 보는 것이다. 하지만 그런 일은 혁명적 상황에서나 가능하다. 평소의 정치란 경제적 생산양식에 걸친 갑옷이며, 정치가는 자본가의 보디가드다. 자유주의 언론이 만들어낸 정치혐오증이

---

2. 버나드 마넹(Bernard Manin), 곽준혁 옮김, 『선거는 민주적인가: 현대 대의 민주주의의 원칙에 대한 비판적 고찰』(후마니타스, 1997/2004), 281~282쪽.

라는 말은, 정치와 정치가에게 혐오의 화살을 돌림으로써 정치만능주의를 유포하고 경제적 지배계급의 책임을 덮게 한다. 정치혐오증은 경제혐오증을 방어하는 허위의식이다."[3]

이런 분석이 지나치다면, 우리의 일상에서 답을 찾아보자. 친한 친구가 자기 분야에서 성공을 거둔 뒤 정치를 해보겠다고 나서면 당신은 뭐라고 말해주겠는가? 대부분 일단 말리고 볼 것이다. 정치판이라는 게 얼마나 험하고 더럽고 치사한 진흙탕인지에 대해 열변을 토하면서, '패가망신의 지름길'이라는 경고를 할 것이다. 그렇다. 그래서 유능하더라도 평범하고, 용감하더라도 양식 있는 사람은 정치를 하려고 하지 않는다.

그렇다고 해서 보통 사람들이 정치인을 형편없는 인간으로 보느냐 하면 그건 아니다. 정치인이 가진 힘은 높게 평가한다. 특히 청탁을 할 일이 있을 땐 그들을 숭상하기까지 한다. 잘나가는 정치인을 지인으로 둔 사람은 대화할 때마다 그 사실을 밝히면서 이른바 '후광 반사 효과basking in reflected glory'를 누리려고 든다.[4] 다만 정치는

3. 박남일, 『어용사전: 철학적 인민 실용사전』(서해문집, 2014), 140~141쪽.
4. 미국 심리학자 로버트 치알디니(Robert Cialdini, 1945~)의 연구에 따르면, 스포츠에서 승리를 거둔 팀의 팬들은 "우리가 이겼다! 우리가 이겼다!"고 외친다. "선수들이 이겼다! ○○팀이 이겼다!"라고 외치는 경우는 거의 없다. 반면 패배했을 땐 '우리'라는 말을 쓰지 않는다. 자신이 응원했던 팀과 거리 두기를 하면서 "그들이 졌다"고 말한다. 선거 역시 마찬가지다. 자신이 지지한 후보나 정당이 승리하면 "우리가 이겼다"고 하지만, 패배하면 "그들이 졌다"라고 말한다. 승리했을 때 나타나는 이런 현상을 가리켜 '후광 반사 효과(basking in reflected glory)'라고 한다. '반사된 영광 누리기', '투영된 영광의 향유'라고도 한다. 영어에선 Basking in reflected glory를 줄여서 BIRGing이라고 부른다. 반면 패배했을 때 나타나는 현상은 '반사된 실패 차단하기(CORF: Cutting Off Reflected Failure)' 또는 '암광 차단 효과'라고 부른다. 로버트 치알디니(Robert Cialdini), 황혜숙 옮김, 『설득의 심리학』

나나 내가 아끼는 사람이 할 짓은 아니라고 생각할 뿐이다.

그렇다면 누가 정치판에 뛰어드는가? 그 어떤 고난과 비난에도 굴하지 않을 만큼 인정 욕망이 강하거나 그 어떤 이념이나 비전에 사로잡혀 세상을 바꿔보겠다는 사람들이다. 주류 정치판을 놓고 보자면 전자의 유형이 대부분이다. 이들에게 필수 덕목은 비판과 비난에 초연한 '맷집'이다. 뻔뻔함은 기본이고, 혐오의 대상이 되는 것마저 즐길 줄 알아야 한다.

'먹을 것에 침 뱉기' 경쟁

정치 혐오는 누구에게 가장 큰 이익이 될까? '지배세력'이나 '기득권세력'이라는 답이 가능하겠지만, 우선적 수혜자는 '정치인'이다. 대중이 정치에 침을 뱉고 돌아설수록 잠재적 경쟁자의 수는 줄어들기 때문이다. 그 이치를 깨달은 정치인들은 정치가 혐오의 대상이 되게끔 애를 쓴다. 꼭 의도적으로 그러는 건 아닐망정, 대중의 혐오를 하찮은 것으로 여긴다는 점에서 그건 의도보다 무서운 무의식의 세계에 각인되어 있는 것이다.

(개정5판, 21세기북스, 2009/2013), 286~287쪽; 「Basking in reflected glory」, 『Wikipedia』; 김학수, 「프로야구 승리와 패배의 미학」, 『뉴스천지』, 2012년 11월 6일; 홍성태, 『마케팅의 시크릿 코드』(위즈덤하우스, 2010), 200쪽.

맺는말.
'풀뿌리 건설'만이
살길이다

어린아이들의 장난 중에 '먹을 것에 침 뱉기'가 있다. 여러 명이 있는 자리에서 맛있는 과자나 음식을 독식하고 싶을 때 미리 침을 퉤 퉤 뱉어놓음으로써 다른 아이들이 손대지 못하게 하는 것이다. 이게 바로 정치인들이 즐겨 쓰는 수법이다. 잠재적 경쟁자들에게 "이런데 도 정치판에 뛰어들 거야?"라는 신호를 보냄으로써 자신들의 기득 권을 영속화하려고 한다. 대중의 분노를 자아내는 정치판의 이런저 런 풍경에 대해 합리적으로 이해하려고 애쓸 필요 없다. 괜한 시간 낭비다. '먹을 것에 침 뱉기'로 이해하면 간단히 풀리는 문제다.

이런 해석에 대해 분노하거나 억울하다고 느끼는 정치인들이 있다면, 혹 자신이 이른바 '선거주의electoralism'에 중독되어 있는 건 아닌지 성찰해볼 필요가 있다. 민주화되기 이전이나 과도기적 상황 에서 선거에서 승리는 절대적으로 중요했겠지만, 오늘날에도 과연 그런가? 선거 승리를 위해서는 대중의 혐오를 유발하는 방식도 불사 해야 하는가? 소탐대실小貪大失은 이럴 때 쓰라고 만든 말은 아닐까?

7·30 재보궐 선거에서 민주당은 '정략공천', '밀실공천', '막 장공천', '무원칙공천', '무개념공천', '돌려막기공천' 등 무수히 많 은 비판을 받았다. 설사 지도부 나름의 고충과 더불어 좋고 깊은 뜻 이 없진 않았다 하더라도, 그렇게 해서 얻을 수 있는 게 과연 무엇일 까? 승리? 아니면 지도부 입지 강화? 정치컨설턴트 박성민은 공천 과 정은 한국 정치가 얼마나 예측 불가능한지를 극명하게 보여준다며 다음과 같이 말한다.

"한마디로 한국 정당의 공천은 '엿장수 마음대로'다. 대학도 이렇게 학생을 뽑지는 않는다. 기업도 이렇게 사원을 뽑지는 않는다. 그래도 거기는 기준도 있고 절차도 투명한 편이어서 떨어진 사람도 승복한다. 하나를 보면 열을 안다고 정치에 입문하는 공천부터 이 모양이니 어떤 정치인이 소신대로 정치를 할 수가 있겠는가? 정치인들은 '비열한 거리'에서 살아남아야 하는 '조폭' 신세가 되었다. 충성심을 의심받지 않으려고 누가 시키기도 전에 알아서 기꺼이 '행동대원'이 된다. 정치인들의 처지가 이 지경이니 이런 정치인들에게 한국 사회의 공정한 시스템을 기대할 수 있겠는가?"[5]

7·30 재보궐 선거에서 민주당의 참패 요인으로 거론되는 일련의 '공천 파동'이 대표적 사례지만, 한국 정치의 모든 파행은 '뿌리 없는 정당'에서 비롯된다고 해도 과언이 아니다. '밑으로부터'라는 말은 아름답지만, 정치혐오가 지배하는 사회에서 '밑'은 존재하지 않는다. 정치를 직업 또는 부업 삼아 하는 소수의 사람들이 장악하고 있는 '밑'이 개혁적이거나 공정하다는 보장도 없다.

민주당은 새누리당보다 더욱 심각한 문제를 안고 있으니, 그건 바로 '밑'조차 심하게 분열되어 있거나 유동적이라는 점이다. 이와 관련, 김호기는 보수 정당은 잘하든 못하든 35퍼센트에서 40퍼센트의 지지율을 유지해온 반면, 야당은 지지율의 진폭이 너무 크다며 다음과 같이 말한다.

---

5. 박성민, 「한국인은 왜 불행한가?: 불확실성의 정치학」, 박성민 외, 『불확실한 세상: 위기의 시대를 좌우할 열쇳말』(사이언스북스, 2010), 36~37쪽.

맺는말.
'풀뿌리 건설'만이
살길이다

"한국 사회에서 정당의 가장 큰 문제는 대표성의 위기입니다. 국민들의 정치·경제적 의사를 제대로 대표하지 못해요. 그런데 야권은 이게 훨씬 두드러집니다. 그러다 보니 지지율의 진폭이 너무 커요. 어떤 때는 10퍼센트 정도였다가 어떤 때는, 특히 선거 국면에서는 30퍼센트가 넘기도 합니다. 정당과 시민사회의 부조응이라고 이야기할 수 있는데요, 정치적 대표성의 위기죠. 이런 면에서 한국 정당정치의 핵심적 문제는 새정치연합의 문제라고 봐요."[6]

민주당 대표경선의 '모바일 투표' 논란

'밑'의 분열과 궤를 같이하는 문제가 민주당 내 각 계파 간 '뿌리 격차'다. 당원이 아니더라도 언제든 당원으로 전환할 수 있는 열성적인 일반 지지자를 많이 거느리고 있는 계파와 그렇지 못한 계파 사이의 갈등이 매우 심각하다. 이는 2012년 6월 9일에 치러진 민주통합당 대표 경선에서 벌어진 '모바일 투표' 논란을 통해 잘 드러났다. 즉, '당심과 민심'의 괴리 현상이다.

모바일 투표에 대한 강한 문제 제기는 6월 19일 고려대학교 명

---

6. 신기주, 「마음의 정치, 정체성의 정치: 인터뷰 연세대 사회학과 교수 김호기」, 『월간 인물과사상』, 제195호(2014년 7월), 19쪽.

예교수 최장집의 국회민생포럼 창립기념 특강에서도 이루어졌다. 통합민주당 국회의원 30여 명을 상대로 한 특강에서 그는 "열린우리당 이래 지금까지 민주당이 추진해온 정당개혁은 당의 중심성과 리더십을 쪼개고 해체하는 것이 목표였다"며 "자해적 정당구조", "민주화 이후 여러 정치개혁 가운데 최악"이라고 했다. 그는 민주당이 주요 당직·공천자 선출에 도입한 모바일 선거인단 제도를 그 대표적 사례로 들었다.

최장집은 "당직·공직 후보를 모바일 투표로 결정한다는 발상은 나쁜 의미에서 혁명적"이라며 "모바일 기제에 친숙한 그룹의 정치적 특성과 과다대표의 문제가 있다"고 했다. 또 "이들은 특정한 이념, 태도, 취향, 정서, 열정을 가진 사람들로 특정한 인물에 대한 열정과 지지의 강도가 높다"고 했다. 그는 "온라인 공간의 단절되고 짧은 사이클로 명멸하는 변덕스러운 여론으로는 지속적이고 강력한 정치적 의제를 만들기 어렵다"고 말했다.

'일방적 난타'를 당하다시피한 민주당 의원들에게서 반박도 나왔다. 신기남 의원은 "'제왕적 총재'로 대표되는 파벌정치를 타파하고 당내 민주화를 도모하는 취지에서 이뤄진 개혁이었다"고 했고, 다른 의원들도 "모바일과 SNS(소셜네트워크서비스)를 통한 참여 열기를 무시하라는 말이냐", "지나치게 정당중심주의적인 사고"라고 했다.[7]

재미있다. 정당에 몸담고 있는 국회의원이 "지나치게 정당중심주의적인 사고"라고 비판을 한다니 말이다. 혹 계파 간 이해관계가 끼어든 건 아니었을까? 최장집이 "모바일 기제에 친숙한 그룹의 정치적 특성과 과다대표의 문제가 있다"고 한 건 사실상 '친노'를 겨냥한 말이었다. 그런데 지식인들마저 '친노'에 속하는 이들은 최장집의 주장에 맹공을 퍼부었다.

예컨대, 경희사이버대학교 교수 안병진은 「20세기 정당론과 21세기 현실의 충돌」이라는 『경향신문』(7월 5일) 칼럼에서 최장집의 주장에 대해 "낡은", "매우 복고적 주장", "기이하다" 등의 표현을 구사해가면서 비판했다. 안병진이 역설하는 "광범위한 시민의 개입성을 증가시키는 방식", 즉 "시민 개입주의 시대에 조응하는 시민 네트워크 정당론"을 최장집이 모르거나 반대한다고 생각하는 건가? 최장집은 20세기에 갇혀 있고, 자신은 21세기를 논한다는 건가? 최장집을 '석학'이라고 부르면서 어찌 그리 최장집을 대학생 수준으로 무시하고 폄하할 수 있는가. 혹 안병진의 자의적 이분법에 문제가 있는 건 아닐까? 그는 다른 글에서 다음과 같이 말한다.

"한국의 정당민주주의론자들은 자신들의 규범적으로 선호하는 것(정당민주주의)과 자신들의 선호와 무관한 객관적 현실 추세(시민 개입주의가 강화되어가는 현실)를 혼동한다. 이는 현실을 이해하고 이에 근거해 더 나은 세상을 만들어가려는 이상주의적 현실주의자로

---

7. 선대식, 「최장집 "민주당 모바일 투표는 나쁜 혁명": 국회민생포럼 창립기념 특별강연에서 밝혀…"민주당 개혁은 최악의 변화"」, 『오마이뉴스』, 2012년 6월 19일; 김경화, 「"민주당, 양치기 소년처럼 新공안정국 외쳐대": 진보 정치학자 최장집, 의원 30여 명 앞에서 통렬히 비판」, 『조선일보』, 2012년 6월 20일.

서의 실천가가 아니라 낡은 회색빛 이론의 적용에만 몰두하는 복고주의자들의 전형적 스타일이다."[8]

'참여의 대표성'이
문제다

말이라는 게 '아' 다르고 '어' 다른 법인데, 왜 안병진이 말을 이렇게 전투적으로 하는 건지 안타깝다. '정당민주주의'와 '시민 개입주의가 강화되어가는 현실'을 이분법으로 나눠보는 것도 문제지만, 현실적으로 강화되어간다는 '시민 개입주의'에서 도대체 어떤 유형의 '시민'을 말하는 건지에 대해 아무런 말이 없다는 것도 문제다. 이미 10년 전 류태건이 제기한 '참여의 대표성' 문제도 같이 고민해보아야 하지 않겠느냐는 것이다.

"사이버공간의 불평등 참여cyber divide 문제도 심각하다. 상대적으로 청년층의 과다참여와 노장층의 과소참여 현상이 사실이다. 이러한 불평등 참여가 국가의사의 결정에 그대로 영향을 미친다면 그 결정은 편파성을 벗어나지 못할 것이다.……불평등 참여는 사회적 갈등을 공정하게 해소하지 못한다. 그리고 참여의 불평등은 참여민

8. 안병진, 「안철수 캠페인의 한계: 로스 페로의 청중민주주의 정치?」, 이창곤·한귀영 엮음, 『18 그리고 19: 18대 대선으로 본 진보개혁의 성찰과 길』(도서출판 밈, 2013), 47~48쪽.

주주의의 기본 가치인 평등권의 실현을 부정하는 것이다."[9]

조금만 선의로 해석해보면 최장집의 뜻을 충분히 이해할 수 있을 텐데도, 무조건 그의 무지나 집착만 지적해대니 어찌 답답하지 않을 수 있겠는가. 최장집은 기회 있을 때마다 '정당조직의 풀뿌리 조직화'의 필요성을 역설하는데,[10] 이게 '시민 개입주의가 강화되어가는 현실'에 역행하는 주장이라도 된단 말인가?

문제의 핵심은 시간적 괴리다. "시민 개입주의 시대에 조응하는 시민 네트워크 정당"은 나도 지지하고 최장집도 지지할 것이다. 그러나 그건 목표다. 현실이 아니다. 그렇게 되기까지 시간이 얼마나 걸릴 것 같은가? 안병진은 시간이 얼마가 걸리든 당장 시작해야 하며, 그렇기 때문에 모바일 투표는 바람직하다는 입장인 것 같다. 내가 보기엔 집도 짓기 전에 가구부터 사들이는 꼴이다. 가구 놓을 곳이 없어 전전긍긍하는 모습이 눈에 선하게 보인다.

최장집은 이론적으로 말하느라 구체적으로 지목하질 않아서 그렇지, 그의 메시지를 직설법으로 바꿔보면 이런 것이다. "현 단계의 모바일 투표는 나꼼수류 전투적 집단의 민주통합당 지배를 초래할 것이 분명한바, 그렇게 해서는 정권교체에 실패한다!" 물론 나꼼수를 극찬하는 안병진은 정반대로 생각할 것이다. 그렇다면 안병진이

9. 류태건, 「참여정부식 참여민주주의를 비판한다」, 『월간 인물과사상』, 제81호(2005년 1월), 208~219쪽.
10. 최장집·이창곤, 「사회세력과 연계 없는 정당, 미래 없다」, 이창곤·한귀영 엮음, 『18 그리고 19: 18대 대선으로 본 진보개혁의 성찰과 길』(도서출판 밈, 2013), 382~383쪽.

반론을 펴야 할 것은 바로 그 지점이다. 아니면 야권 일각에서 주장하는 것처럼 모바일 투표인단을 수백만 명으로 늘리면 최장집이 우려하는 문제를 극복할 수 있다거나 하는 생산적인 방식의 논쟁을 해야 한다. 안병진이 간접어법으로 최장집을 '엘리트 보수주의자'로 묘사한 건 참으로 보기에 딱하다.

예전에 했던 이야기를 다시 써먹어 민망한 감이 없지 않지만, 민주당 내에서 벌어지는 만성적·악성 갈등의 핵심을 지적하기 위해 불가피했음을 이해해주시기 바란다. 평소엔 더할 나위 없이 예의바르고 점잖다는 안병진이 최장집을 그렇게 거칠게 비판했다는 건 무얼 말하는가? '친노'와의 관련성이 없는 일반적인 이론 차원의 주장이었다 하더라도 안병진이 그렇게 발끈하고 나섰을까?

최장집이 조갑제나
지만원이라도 된단 말인가?

두문정치전략연구소 소장 이철희가 잘 지적했듯이, 오늘날 민주당이 안고 있는 가장 큰 문제는 '친노 대 비노의 퇴행적 갈등구도'다. "친노 대 비노의 진영 대결은 돌부처도 돌아앉게 할 정도의 꼴사나운 행태를 비호하는 숙주였고, 새 인물의 등장을 막는 창살이었다."[11] 후마니타스 대표 박상훈은 「정체 모를 야당」이라는 칼럼에서 "어떻게 규정하든 좋은 조직의 특징인 '신뢰의 제도화'와는 거리가 먼, 서로 신뢰하지 않음을 제도화해놓은 것이 지금의 야당이란 사실은 분명해 보인다"고 말한다.[12]

그런데 비교적 상대적 자율성을 누릴 수 있고 누려야 마땅한 지식인들까지 그런 '퇴행적 갈등구도'와 '불신의 제도화'에 올인을 해야만 하는가? 새삼 안병진을 다시 비판하려는 게 아니다. 나는 안병진이 한국 최고의 미국 진보정치 전문가라고 생각하며, 실제로 그의 글에서 많은 걸 배우고 있다. 그렇기 때문에 그의 갈등지향적 행보가 더욱 안타깝다. 그가 자신의 정치적 신념에 부합하는 정파만 전투적으로 옹호하는 대신 각기 다른 정파들 사이의 화합과 타협을 모색하는 쪽으로 자신의 지적 능력을 발휘해준다면 얼마나 좋을까 하는 생각 때문이다.

진보적 지식인들이 극우 논객 조갑제나 지만원도 아닌, 최장집과 정중한 소통을 할 수 없다면, 도대체 그들이 생각하는 '진보'의 정체는 무엇일까? 최장집이 원로라고 해서 봐주자는 게 아니다. 이는 인간으로서의 기본적인 인성과 인격에 관한 문제다. 아니 원로대접을 하면 어떤가? 나는 여러 진보적 지식인이 최장집을 '꼰대' 비슷하게 취급하면서 정말 싸가지 없는 말을 하는 걸 보고서 혀를 끌끌 찬 게 한두 번이 아니다. 노인을 폄하하는 민주당 정치인들보다는 오히려 이런 지식인들이 문제라는 생각이 들 정도로 그들은 '싸

11. 이철희, 「'2003 체제'를 혁파하라」, 『한겨레』, 2014년 8월 4일.
12. 박상훈, 「정체 모를 야당」, 『경향신문』, 2014년 8월 4일.

가지 없는 진보'의 정수를 보여주기로 작정한 것 같았다.

　　나는 최장집이 '정당정치'의 구체적인 각론을 이야기하지 않는 것에 불만이 있지만, 그건 나와 같은 사람의 몫일 수 있다는 쪽으로 생각을 정리했다. 최장집에 불만이 있는 다른 진보 지식인들도 그런 발상의 전환을 하면 안 될까? 정중하게 서로 모자란 부분을 채워가면서 타협과 화합 중심으로 진보의 비전과 노선을 역설하면 안 되겠느냐는 것이다. 지금 나는 최장집이나 안병진 개인에 관한 이야기를 하고 있는 게 아니다. 민주당을 죽이는 주범이라 할 계파 갈등의 해법에 대해 말하고 있다.

　　어떤 정치적 제도의 도입에서 계파 간 이해득실을 고려하는 것을 악惡으로 몰아서는 답이 나오지 않는다. 그건 정치가 아니라 종교다. 다른 계파들도 해볼 수 있다는 최소한의 자신감을 갖게 하는 설계가 필요하다. 이제 선택을 해야 할 때가 온 것 같다. 더이상 미룰 수 없는 벼랑 끝에 섰기 때문이다.

　　'밑'이 없는 걸 전제로 한 집권과 개혁을 할 것인가, 아니면 '밑'을 만드는 데에 모든 노력을 집중할 것인가? 전자의 선택을 하겠다면, 새로운 민주주의 이론이 필요하다. '밑'이 없는데도 '밑'이 있는 것처럼 여긴 채 집권과 개혁을 논할 순 없다. 만약 '밑'을 만드는 선택을 하겠다면, 정치의 방향 전환이 필요하다. '심판' 구호 대신 네트워크 건설이 필요하다.

　　그런 점에서 나는 안병진의 "시민 개입주의 시대에 조응하는 시민 네트워크 정당론"을 지지한다. 다만 지역이라는 물리적 근거를 완전 무시하는 서울패권주의를 경계하고 '시간적 괴리'를 고려한다는 점에서 차이가 있다. 즉, 열성 지지자들의 동원력이 강한 친노 그룹에 대해 다른 계파들이 갖고 있는 경계심에 대한 고려 없이 이 방안은 실현되기 어렵다는 것이다. 바로 여기서 소통이 필요한데, 소통을 위해선 싸가지가 절대적으로 중요하다. 자기 의견에 반대한다고 해서 모욕적인 언사를 남발하는 짓은 하지 말아야 한다는 것이다.

"민주당에는 악마가 산다"

한국적 현실도 고려해야 한다. 그간 내가 수없이 강조해왔지만, 서양 모델을 들여와 곧장 써먹으려는 생각은 버려야 한다. 과거 열린우리당이 시도했던 기간당원제가 그 좋은 예다. 기간당원제는 정당민주주의의 희망으로 여겨져왔지만, 실패로 돌아가고 말았다. 기성정치 기득권 세력의 방해 때문인가? 그게 아니다. 우리의 강한 연고주의 문화가 대중의 공적 참여를 억누르고 있기 때문이다.

2006년 한국개발연구원KDI의 '사회적 자본 실태 종합조사' 보고서에 따르면, 우리나라 국민들의 사회적 관계망 가입비율은 동창회가 50.4퍼센트로 가장 높고, 종교단체 24.7퍼센트, 종친회 22.0퍼센트, 향우회 16.8퍼센트 등이 뒤를 이었다. 반면 공익성이 짙은 단체들의 가입률은 2퍼센트대에 머물렀다.[13] 이건 하루아침에 바꿀 수 없는 문화이며, 이런 토양에서 기간당원제는 '연고 기간당원제' 로 전락할 수밖에 없다. 한국의 독특한 현실을 감안한 참여 방안을 모색해야 한다.

그런 점에서 8월 5일 민주당 비상대책위원장 박영선이 발표한, 국민공감혁신위원회 구성 등 당 혁신안 내용은 고무적이다. 그는 "공직 후보자 선출방식에서 당내 문화에 이르기까지 국민이 공감하는 원칙과 질서가 바로 선 정당을 만들겠다" 며 "이를 위해 전략공천을 배제하고 선진국의 오픈 프라이머리 제도를 도입하는 등의 선거제도 개혁이 불가피하다"고 밝혔다. 또 그는 "낡은 과거와 관행으로부터 어떻게 지혜롭게 결별하느냐가 새정치민주연합의 미래와 직결되어 있다" 며 "투쟁정당의 이미지에서 벗어나 정의로움을 더욱 굳건히 세우는 일, 경제민주화와 복지에 근간을 둔 생활정치의 실현 등이 그것" 이라고 했다.[14]

다 좋은 말이긴 한데, 앞서 언급한 김태일의 '명언' 이 떠오르는 건 어쩔 수 없다. "새정치민주연합의 집단 기억력은 유효기간이 2주다. 그 기간엔 당원부터 원로급까지 '바꾸자', '안 그러면 망한다' 고 목소리를 높인다. 하지만 2주가 지나면 파벌의 특수이해가 고개를 들고 결국엔 계파 간 담합으로 마무리된다."[15]

---

13. 오관철, 「소득·학력 높을수록 '연줄 중시'」, 『경향신문』, 2006년 12월 27일, 3면.
14. 이세영, 「비대위 아닌 '국민공감혁신위' 박영선 "국민 없으면 당 없다"」, 『한겨레』, 2014년 8월 6일.

맺는말.
'풀뿌리 건설'만이
살길이다

시간만이 답을 해주겠지만, 어떤 유권자의 다음과 같은 질타에 공감이 가는 걸 어이하랴. "도대체 국민의 준엄한 경고를 몇 번이나 받아야 정신 차리고 뼈를 깎는데. 이명박 때부터 깎았으면 지금쯤 뼈가 이쑤시개 됐어야 하는 거 아냐."[16]

『경향신문』 논설위원 이대근은 "야당에는 악마가 산다"고 단언한다. "야당이 정신 똑바로 차리고 당이 결속하고 방향을 바로잡고 가면 악마는 고개를 숙이고 숨어 있다. 그러나 잠시 한눈을 파는 사이에, 파벌 다툼, 당권 싸움을 하고 우왕좌왕하면 악마는 고개를 든다. 악마는 첫째 당을 분열시킨다, 둘째 지도부를 무력화한다, 셋째 파벌 및 노선싸움을 한다. 악마가 활개를 치는 집에는 아무도 살지 않고 모두 떠날 것이다."[17]

그는 야당의 비상대책위원회도 그간 입증된 그런 이치에 따라 예정된 운명이 있다고 말한다. "박영선 비대위에서도 이 운명을 거스를 만한 예외성이 발견되지 않고 있다. 비대위가 구성되면 위원장은 먼저 패배를 사과하며 거듭나겠다고 다짐한다. 그리고 계파·나이·지역·선수選數를 안배한 무난한 위원회를 구성한 뒤 당 개혁 구상을 쏟아낸다. 계파 해체, 당 조직 일신, 새 정책 방향 정립, 공천 개혁 등 상상의 나래를 마음껏 펴는 동안 비대위 활동은 마감 시간을

15. 이세영, 「"인맥·이해관계 얽힌 계파구도 먼저 깨야 혁신 가능"」, 『한겨레』, 2014년 8월 5일.
16. 진명선, 「"질 때마다 뼈 깎는 노력? 지금쯤 이쑤시개 됐어야"」, 『한겨레』, 2014년 7월 31일.
17. 「[이대근의 단언컨대] 야당, 비상대책 세우지 말라」, 『경향신문』, 2014년 8월 1일.

앞두게 된다. 그러면 위원장은 제대로 바꾸지 못했다고 사과하고 빈 손으로 비대위를 해체한다."[18]

공천 문제를 해결할 수 있는 수준의 풀뿌리

그렇다면 살길은 정녕 없는 걸까? 나는 풀뿌리 건설을 답으로 제시하고 싶다. 이건 파벌과 노선 싸움을 좋은 쪽으로 살릴 수 있는 대안이기 때문이다. 서강대학교 교수 손호철은 민주당의 가장 큰 문제는 "당이 잘되고 우리 계파가 잘못되느니 당이 잘못되더라도 우리 파가 잘되는 것이 낫다"는 정파주의가 만연해 있는 것이라고 했다.[19] 그렇다. 그게 현실이다. 그 현실을 역이용해서 계파 간 경쟁이 당에도 도움이 되는 방안을 모색해보자. 그건 바로 계파별로 풀뿌리 건설 경쟁을 하게끔 하는 것이다.

단, 적어도 초기엔 정치적 풀뿌리가 아니라 사회적 풀뿌리를 건설해야 한다. 이와 관련, 한겨레사회정책연구소장 이창곤이 탁견을 제시했다. 그는 「"어디 정붙일 데 없나요?"」라는 칼럼에서 '정붙일 정당'이 없는 현실을 지적하며 한국 정당과 정치의 발전을 위해선

---

18. 이대근, 「흔들리는 것은 바람도, 깃발도 아니다」, 『경향신문』, 2014년 8월 7일.
19. 손호철, 「'비상함' 없는 비대위」, 『경향신문』, 2014년 8월 11일.

지나친 정치중심적 태도를 경계할 필요가 있다고 말한다.

"우리의 정치는 기실 '과잉대표' 되어 있다. 몸집에 비해 머리가 너무나 큰 기형적 가분수 형태다. 수준과 실력에 비해 목표와 기대가 너무 높고 비현실적이다. 인간의 욕망에 대한 이해도 부족하다. 그러다 보니 열망과 기대에 비해 결과는 늘 실망스러우며, 이는 정치불신과 정치혐오증으로 이어진다. 언론의 탓도 크다고 생각한다. 정치, 중요하다. 골백번 강조해도 지나치지 않다. 그렇지만 한 사회를 바꾸는 결정적인 힘은 정치에만 있는 게 아니다. 오히려 우리가 더 관심을 기울여야 할, 지금까지 한 표현을 원용하자면 '정을 붙여야 할' 곳은 '사회' 또는 '사회적인 것' 이다. 자신의 위치가 한 사회의 어디에 있는지를 자각하고 자신을 옥죄는 사회구조에 대한 인식을 갖는 것, 내 이웃과 함께 내 삶의 방식이 어떻게 바뀔 때 사회 전체가 더 좋아지는지를 이해하고 행동하는 것, 그리고 그것을 위해 '사회권력' 이 어떻게 형성되어야 하는가 등을 고민할 때, 비로소 정당도, 정치도 제대로 작동한다고 본다."[20]

내가 생각하는 풀뿌리 건설의 목표는 매우 소박하다. 늘 민주당을 시궁창으로 밀어넣는 공천 문제만이라도 해결할 수 있는 수준의 풀뿌리를 건설하자는 것이다. 현재 민주당 당원은 200만여 명이라지만, 이 중 최소 6개월 동안 당비 월 1,000원을 낸 '권리당원' 은 15만

---

20. 이창곤, 「"어디 정붙일 데 없나요?"」, 『한겨레』, 2014년 8월 4일.

여 명에 지나지 않는다. 게다가 기본적인 당원 데이터베이스 관리도 되어 있지 않아 당원 가운데 20~30대 비율이 얼마나 되는지조차 모르는 수준이다.[21] 이걸 그대로 방치한 채 중앙에서 입으로만 모든 걸 해내겠다는 게 그간 민주당이 해온 정치의 전부였다.

풀뿌리 건설의 의미는 막연히 생각하는 이상으로 크고 깊다. 샤 츠슈나이더가 잘 지적했듯이, "사적 영역과 공적 영역 간의 가장 중요한 차이는, 사적 갈등에서는 강자들이 승리하는 반면 공적 영역에서는 약자들이 자기방어를 위해 세력을 규합한다는 것이다".[22] 그런데 우리의 현실은 어떠한가? 정치가 죽은 공적 영역에선 약자들이 세력을 규합하는 게 불가능해진다. 그런 상황에서 유권자 탓을 하는건 그야말로 적반하장賊反荷杖이다. 샤츠슈나이더의 다음과 같은 말처럼 말이다.

"광범위한 투표 불참에 대한 책임을 인민의 무지·무관심·무기력 탓으로 돌리는 것은 공동체 내의 좀더 부유한 계층이 보여주는 매우 전형적인 형태이다. 이는 어떤 정치체제에서나 늘 하층계급의 배제를 정당화하기 위해 사용되어왔던 논리다. 이보다 나은 설명이 있다. 기권은 투표 불참자들의 요구를 반영한 선택지와 대안이 억압되어 있음을 의미한다."[23]

---

21. 하어영, 「"혁신·체질개선" 공감대 확산… '어떻게' 두곤 고민 깊어: 7·30 참패 야당 어디로 ③ 지금 새정치 무슨 고민을 하나」, 『한겨레』, 2014년 8월 4일.
22. E. E. 샤츠슈나이더(Elmer Eric Schattschneider), 현재호·박수형 옮김, 『절반의 인민주권』(후마니타스, 1975/2008), 200쪽.

맺는말.
'풀뿌리 건설'만이
살길이다

박성민의 '교회 모델'을
도입하자

                     정치에 등을 돌린 유권자들의 선택지와 대안을 찾아내고, 그래서 그들을 다시 정치 영역으로 끌어들이기 위해 어떻게 할 것인가? 정치컨설턴트 박성민이 제안한 바 있는 '교회 모델', 즉 '서비스 모델'을 도입해야 한다. 그는 "한국 교회의 제일 큰 역할은 바로 '생활 공동체'입니다. 이것이야말로 새로운 정당의 모습을 고민하는 이들이 주목해야 할 한국형 교회의 성공비결입니다"라면서 다음과 같이 말한다.

    "저는 결혼식, 장례식 때 교회만큼 완벽한 서비스를 제공하는 곳을 본 적이 없어요. 신도나 그 가족이 아프면 교인들이 와서 간병까지 해줘요. 친척보다 더 낫습니다. 그리고 교회는 지금은 사라진 한국의 '대가족제'를 유지합니다. 오늘 태어난 아이부터 내일 돌아가실 분까지 하나의 '가족'입니다. 실제로 서로를 '형제', '자매'라고 부릅니다. 정서적 유대감이 큽니다. 제가 다니는 교회는 아예 집을 한 채 구해서 상설 노인정을 운영합니다. 갈 곳 없는 노인의 거처로서 기능할 뿐만 아니라, 일상적으로 노인들이 교류하는 곳이에요.……어린이집을 운영하는 곳도 많습니다.……정당은 왜 교회처

---

23. E. E. 샤츠슈나이더(Elmer Eric Schattschneider), 현재호·박수형 옮김, 『절반의 인민주권』(후마니타스, 1975/2008), 174쪽.

럼 못합니까? 무료 법률 상담, 문학 학교, 영화 학교, 댄스 학교 등 마음만 먹으면 못할 게 없을 거예요.……지금 한국의 정당은 재미를 주나요, 정보를 주나요? 아니면 새로운 네트워크에 참여할 기회를 주나요? 아무것도 없어요. 이런 상황에서 월 1만 원씩 내라고 하면 누가 선뜻 내겠어요? 재미, 정보, 네트워크를 준다면 1만 원 아니라 10만 원도 선뜻 낼 사람이 부지기수예요. 바로 한국형 교회가 그 증거입니다."[24]

그렇다. 바로 이 방식이다. 정당이 대중의 일상으로 파고들어 무료 법률 자문에서부터 인문학 강좌에 이르기까지 생각할 수 있는 모든 종류의 서비스를 제공함으로써 정당을 친근하게 만드는 방식이다. 이렇게 해서 형성된 최소한의 풀뿌리가 공천의 민주화 · 합리화를 수행할 수 있게끔 해보자는 것이다.

민주당이 박성민을 스카우트해 모셔가서 그런 일을 해보면 참 좋으련만, 민주당은 새누리당에 비해 훨씬 더 폐쇄적이라 그런 일은 일어나지 않는다. 그저 운동권 선배들 모셔다가 늘 동어반복同語反覆을 감상하는 일에만 중독되어 있다.

이는 새누리당이 '침대는 가구가 아닙니다'란 카피를 만들어 명성을 떨친 광고전문가 조동원을 홍보기획본부장으로 영입해 실권을 준 것과는 대조적이다. 세월호 참사가 터지면서 새누리당이 큰

---

24. 박성민 · 강양구, 『정치의 몰락: 보수 시대의 종언과 새로운 권력의 탄생』(민음사, 2012), 280~284쪽.

위기를 맞았을 때 그가 내놓은 아이디어가 '1인 피켓 유세'였다. 지방선거를 코앞에 두고 새누리당은 김무성·서청원·황우여 의원 등 중진에서부터 초선 의원들까지 전부 전국 주요 도심에서 "도와주세요, 대한민국을 믿습니다" 등의 자필 문구를 적은 1인 피켓 유세를 벌였다. 온라인에서는 "구걸하냐"는 비아냥도 있었지만 결과적으로는 성공이었고, 그의 그런 광고 전략은 7·30 재보선에서도 '혁신 마케팅'의 형식으로 사실상 대박을 터뜨렸다.[25]

'풀뿌리'와 '인조 잔디'

민주당의 폐쇄성이 한심하긴 하지만, 7·30 재보선 참패 후 민주당 의원 우상호나마 박성민의 제안과 비슷한 고민을 하고 있다는 게 반갑다. 그는 "지역위원회를 봉사·서비스·교육 등 공적 기능을 하는 조직으로 바꿔야 한다. 당이 현장의 국민들을 도와줄 방법을 생각해야 한다"며 "차라리 당직자들이 은행처럼 창구에 앉아 국민들의 민원을 받아 이를 구체적인 의정 활동으로 해결하는 게 어떠냐"고 말한다.[26]

25. 김정하, 「새누리 '혁신' 주역 조동원 씨」, 『중앙일보』, 2014년 8월 2일.

그렇다. 바로 그렇게 가야 한다. 우상호의 제안은 앞서 말한 '풀뿌리 전략'이라고 할 수 있는 방안이다. 그간 이런 방안을 몰랐던 건 아닐 게다. 그런데 왜 전혀 실천되지 않았을까? 내가 보기엔 세 가지 이유 때문이다.

첫째, 정부와 정당은 물론 한국 사회 전 분야를 지배하고 있는 중앙집권주의 때문이다. 지방선거마저도 중앙의 이슈에 의해 좌우되는 게 그간의 현실이었다. 중앙에서든 지역에서든 중앙의 이슈로 승부를 보아야 한다는 믿음이 지배하는 정당에서, 각 지역에서 '풀뿌리 건설'은 투자 대비 수익률이 현저히 떨어지는 것으로 간주된다. '풀뿌리 건설'은 오랜 시간과 인내가 필요한 일인데, 늘 선거를 계파 간 이해득실 게임이자 단기적 투기 이벤트로 간주해온 정당에 그것은 원초적으로 실천 불가능한 일이다.

둘째, 과거 지구당의 폐해에 대한 아픈 기억 때문이다. 비민주적인 지구당 운영, 사당私黨화된 지구당 위원장제, 지구당 운영에 따른 막대한 정치자금 등의 폐해는 '풀뿌리'는 허울일 뿐 사실상 '인조 잔디'에 지나지 않는다는 인식을 유권자들에게까지 심어주었다.[27] 지금도 '풀뿌리 건설'은 막강한 자금·조직력으로 '인조 잔디'를 넓게 깔 수 있는 기득권 세력에 유리할 뿐이라는 패배주의가 널리 퍼져 있다.

---

26. 하어영, 「"혁신·체질개선" 공감대 확산⋯ '어떻게' 두곤 고민 깊어: 7·30 참패 야당 어디로 ③ 지금 새정치 무슨 고민을 하나」, 『한겨레』, 2014년 8월 4일.

셋째, 앞서 말한 계파 간 '뿌리 격차' 때문이다. 속된 말로 '빠'로 불리는 열성적인 지지자들을 얼마나 갖고 있느냐 하는 '계파 간 빠 격차' 가 있다는 것이다. 민주당은 당 대표 선출에서부터 선거 후보 공천에 이르기까지 일관된 방식이 없고 그때그때 다른 방식을 도입하는 걸로 악명이 높은데, 이 또한 '계파 간 빠 격차' 로 인한 이해득실 계산 때문에 빚어진 일이다. '사이버 풀뿌리' 를 풀뿌리로 간주해 예찬하는 계파가 있는가 하면, '사이버 풀뿌리' 를 변형된 '인조 잔디' 로 간주해 경계하는 계파도 있고, 진짜건 가짜건 균형된 유권자 대표성의 결여로 인한 '당심과 민심의 괴리' 가 본선 패배를 불러온다고 우려하는 계파도 있다. 이런 일련의 논란은 '풀뿌리 건설' 을 골치 아픈 주제로 여겨 회피하게끔 만들었다.

---

27. '인조 잔디' 는 미국에서 '풀뿌리(grass roots)' 와 대비되는 용어로 자주 쓰이는데, 미국에선 인조 잔디의 상표명인 '애스트로터프(AstroTurf)' 로 부른다. Astroturf로도 쓰며, Astroturfing이라고도 한다. 1966년에 나온 것으로 미국 우주 프로그램의 중심지인 텍사스주 휴스턴(Houston)에 세워진 실내 스포츠경기장 Astrodome에 최초로 사용되었기 때문에 astro라는 이름이 붙었다. AstroTurf는 비유적으로 관제 또는 특정세력의 지원과 부추김을 받아 움직이는 '사이비 풀뿌리' 로 보면 되겠다. 인터넷 시대에 들어 애스트로터핑은 광범위하게 이루어지고 점점 더 교묘해지고 있으며 알아차리기 힘들어지고 있다. 사람들의 70퍼센트는 온라인 고객평가를 믿는다지만, 인터넷 생활정보 커뮤니티 크레이그리스트(Craiglist)에 올라온 광고는 긍정적인 후기를 써주면 대가를 지불한다고 명시하고 있다. 일부 호텔들은 수백 건의 가짜 후기를 써주는 전문회사들에 많게는 1만 파운드까지 지불하고 있다. 온라인 소비자 후기의 5~10퍼센트는 가짜며, 데이터마이닝 전문가인 리 우빙은 3분의 1이 가짜라고 추정한다. Grant Barrett, ed., 『Oxford Dictionary of American Political Slang』(New York: Oxford University Press, 2004), p.34; John Walston, 『The Buzzword Dictionary』(Oak Park, IL: Marion Street Press, 2006), p.19; 노리나 허츠(Noreena Hertz), 이은경 옮김, 『누가 내 생각을 움직이는가: 일상을 지배하는 교묘한 선택의 함정들』(비즈니스북스, 2013/2014), 176~179쪽.

'계파 간 빠 격차'가
문제의 핵심

이 세 가지 문제를 어떻게 넘어설 것인 가? '계파 간 빠 격차'가 문제의 핵심이다. 빠를 많이 가진 계파에 대해 다른 계파들이 두려움이나 반감을 가질 게 아니라 정공법으로 선의의 경쟁을 하는 게 해법이다. 모든 계파가 각자의 빠를 만들어야 한다는 게 아니다. 그건 가능하지도 않다. 이른바 '약한 연결의 힘 strength of weak ties'을 믿고,[28] 당원이 아닌 선거인단 참여를 요청할 수 있는 수준의 사회적 네트워크 구성을 위한 저변 확대를 해보자.

반세기 넘게 누적되어온 정당에 대한 고정관념이 있는데, 처음부터 당원이 되어 달라고 하면 누가 정당 근처에 얼씬거리겠는가. 그러니 그런 무리한 요구는 삼가고, 일단 열과 성을 다해 유권자들에게 새로운 얼굴을 보여주는 데에 진력해야 한다. 기업들은 '친절로

---

28. 1973년 미국 사회학자 마크 그래노베터(Mark Granovetter, 1943~)가 『미국 사회학 저널(American Journal of Sociology)』에 발표한 「약한 연결의 힘(The Strength of Weak Ties)」이란 논문은 나오자마자 학계의 뜨거운 주목을 받았다. "강한 연결이 아닌 약한 연결을 통해서 정보가 확산될 때 많은 사람들을 거치면서 더욱 광범위한 사회 영역으로 뻗어나갈 수 있다"는 주장은 그간 전해 내려온 사회학적 전제를 뒤집었기 때문이다. 그래노베터는 구직이나 새로운 정보 혹은 새로운 아이디어를 얻는 데 돈독한 관계를 맺은 사람들보다 '약한 인연'을 지닌 사람들이 중요하다는 사실을 설득력 있게 보여주었다. 무엇보다도, 친한 친구와 지인들은 행동반경이 비슷한 반면, 약한 인연을 가진 사람들은 다른 행동반경에서 생활하기 때문이다. 마크 그래노베터(Mark Granovetter), 유홍준·정태인 옮김, 『일자리 구하기: 일자리 접촉과 직업경력 연구』(아카넷, 1995/2012); 리처드 코치(Richard Koch)·그렉 록우드(Greg Lockwood), 박세연 옮김, 『낯선 사람 효과: 지금 당신에게 필요한 사람들은 누구인가?』(흐름출판, 2010/2012), 63~67쪽; 키스 페라지(Keith Ferrazzi)·탈 라즈(Tahl Raz), 이종선 옮김, 『혼자 밥 먹지 마라』(랜덤하우스, 2005), 162~163쪽.

고객을 죽이자'고 외치는데, 정당이 그렇게 못할 이유가 뭐란 말인가. 이런 일은 빠가 없는 계파가 더 유리할 수도 있으니 해볼 만한 경쟁이다. 바로 여기서 우상호의 방안이 해답일 수 있다.

그런 사회적 네트워크는 신진 인사 영입을 위한 '전략 공천'의 후보자가 지역 경선에 참여해 경쟁을 해볼 수도 있겠다는 자신감을 줄 정도의 규모여야 한다. 그래야 인재들이 몰려들 수 있다. 그게 가능하겠느냐고 지레 겁먹지 말고 유권자들을 감동시킬 정도로 우상호가 말한 방안을 적극 실천해보자. 처음에 착근이 어려워서 그렇지 풀뿌리는 인조 잔디에 비해 훨씬 질긴 생명력과 더불어 놀라운 효과를 보일 것이다. 특히 민주당의 고질병인 '민심 난독증難讀症'과 '무뇌증無腦症'을 치유하는 건 물론 '지방 살리기'와 지역균형발전에도 놀라운 효험을 발휘할 것이다.

어디 그뿐인가. 그런 사회적 네트워크를 기반으로 한 풀뿌리 건설은 민주낭에 조금 불리한 정도가 아니라 치명적으로 불리한 정치 냉소·혐오·저주를 완화시킬 수 있는 거의 유일한 해법이다. 정치에 대한 냉소·혐오·저주로 인한 투표 불참은 보수에 훨씬 더 유리하다. 이와 관련된 고전적 사례로 언급되는 게 1980년 미국 대선이다.

현직 대통령인 민주당 후보 지미 카터Jimmy Carter, 1924~와 공화당 후보 로널드 레이건Ronald Reagna, 1911~2004이 맞붙은 1980년 대선은 레이건의 승리로 끝났고, 레이건은 이후 '레이건 혁명'이라는 말이 나올 정도로 미국 사회를 보수화시키는 데에 성공했다. '레이건 혁명'이 역사적 필연이었던 것처럼 주장하는 사람이 많지만, 진실은 그게 아니다.

투표율이 모든 걸 결정했다. 레이건은 득표수에서 '52대 38'로 카터를 눌렀지만, 투표율은 55.1퍼센트에 지나지 않았다. 따라서 레이건은 전체 유권자 중 불과 28퍼센트의 지지를 얻어 대통령에 당선된 셈이었다. 놀라운 사실은 투표 불참자의 정치적 선호에선 카터가 '51대 37'로 레이건을 압도했다는 점이다.[29]

물론 투표율 올라가는 게 어느 당에 유리한가 하는 점은 한국에서도 늘 논란의 대상이 되어왔지만, 그건 기존 정치혐오 풍토를 전제로 한 것일 뿐이다. 정치를 저주하더라도 굳이 선택을 하라면 민주당 쪽으로 기울 수 있는 유권자들을 투표소로 끌어내는 게 절대적으로 중요하다는 건 분명한 사실이다. 그 일을 해낼 수 있는 유력한 방법이 바로 풀뿌리 건설이다. 이 공동의 목표를 놓고 계파 간 경쟁을 해야 한다는 게 내 주장이다.

민주당이 처한 현실을 감안해 노골적으로 말하자면, 다른 계파들은 '친노'에 대해 겁먹거나 '친노'를 두려워만 하지 말고 좀 다른 방식으로 "한국 정치 이대론 안 된다"고 생각하는 평범한 사람들을 동원, 아니 모셔야 한다. 왜 해보기도 전에 그 방식으론 해볼 수 없다며, 중앙에서 모든 걸 해보려다가 최악의 과오를 저지르는 일을 반복

---

29. Frances Fox Piven & Richard A. Cloward, 『Why Americans Don't Vote』(New York: Pantheon, 1989), p.12; James S. Fishkin, 『The Voice of the People: Public Opinion & Democracy』(New Haven: Yale University Press, 1995), p.45.

하는가 말이다. 친노는 선의의 경쟁 상대가 되어야 한다.

이제 진정 새 정치를 해보고자 하는 정치인들은 심각하게 '사즉생 생즉사死即生 生即死(죽고자 하면 살고 살고자 하면 죽는다)'를 외칠 것도 없다. "얻고자 하면 잃고 잃고자 하면 얻는다"는 말 정도로 족하다. 그들에게 필요한 건 바로 이 정신이다. 계속 잃고자 하다간 어느 세월에 큰 걸 얻느냐는 반론이 가능하겠지만, 정치는 '타이밍의 예술'이다. 즉, 이른바 'MOT Moment of Truth'를 위해 계속 잃는 진득함이 필요하다는 것이다.[30]

새 정치를 원하는 사람들은 이제부터 '풀뿌리 건설'만이 민주당의 살길이요, 집권을 가능케 하는 길이라는 것을 역설하고 몸소 실천하는 전도사가 되어야 한다. 전국을 상대로 일시에 해야 한다는 게 아니다. 그건 가능하지도 않다. 몇 개의 지역을 골라 시범사업 차원에서 전력을 다해 해보라. 성공적인 결과가 나타나면 탄력을 받아 비교적 쉽게 전국으로 확산할 수 있다. 이런 새로운 문화의 도입이 '새 정치'지, 사람 바꾼다고 새 정치가 되는 게 아니다. 나는 이 점에서 안철수에게 여전히 할 일이 있다고 생각한다.

---

30. moment of truth는 "(중요한 사태에 직면해 모든 것이 시험에 놓이게 된) 결정적 순간"을 뜻한다. 스페인의 투우(鬪牛)에서 나온 말이다. 투우사(鬪牛士: matador)가 투우와 한동안 밀고 당기는 싸움을 하다가 칼을 뽑아 소의 급소를 찌르는 순간을 가리켜 el momento de la verdad(the moment of truth)라고 한다. 대부분 소가 죽긴 하지만, 투우에서 소가 죽는지 사람이 죽는지 그 죽음의 진실이 가려지는 순간이라는 뜻에서다. 1932년 어니스트 헤밍웨이(Ernest Hemingway, 1899~1961)가 『오후의 죽음(Death in the Afternoon)』에서 최초로 사용해 영어에 편입되었다. Martin H. Manser, 『Get to the Roots: A Dictionary of Word & Phrase Origins』(New York: Avon Books, 1990), pp.152~153; Max Cryer, 『Common Phrases』(New York: Skyhorse, 2010), pp.181~182.

왜 안철수는
실패했는가?

안철수는 그간 잘못된 길을 걸어왔다. 도대체 '새 정치'의 실체가 뭐냐며 수많은 비판과 조롱이 폭포처럼 쏟아지는데도 그는 '새 정치'의 비전과 프로그램은 밝히지 않은 채 이른바 '정치적 근육'을 키우기 위한 일처럼 보이는 엉뚱한 일만 해왔다. 옳고 그름을 떠나, 그런 일은 자신의 비교 우위를 내세울 수 있는 일이 전혀 아닌데도 말이다.

안철수를 지지하는 책까지 썼던 사람이 그렇게 무책임하게 말해도 되는가? 맞다. 그렇게 생각할 사람이 많을 것이다. 내게 날선 비판의 칼날을 세우고 싶은 분들도 있을 것이다. 그 심정에 공감한다. 나 역시 이 문제로 고민을 많이 했기 때문이다. 이건 우리 사회의 일반적인 지식인 풍토와 관련된 문제이기에 다소의 설명이 필요하다.

나는 그간 특정 정치인을 대통령으로 만들자고 선동하는 책을 여러 권 써왔다. 명색이 대학교수라는 사람이 할 일은 아니라는 게 그간의 상식이었다. 그런데 나는 늘 이 상식이 의심스러웠다. 글쓰기를 통한 공개적 지지는 하지 않되 정치인의 캠프에 참여하고 대통령 당선 후엔 논공행상의 차원이든 책임의 실천 차원이든 고위 공직을 맡는 교수가 많다. 반면 나는 공개적 지지를 천명한 책을 쓰되, 그 정치인의 캠프엔 참여하지 않는 건 물론 나의 지지와 관련해 그 어떤 정치적 수혜도 받지 않는다는 원칙을 세웠고 그 원칙을 지금까지 지켜왔다.

이 두 가지 유형 가운데 어떤 것이 더 좋다거나 나쁘다는 말을 하려는 건 아니다. 나의 지지는 공개적 차원에서 이루어져야 한다는 나름의 원칙이 앞서 말한 내 고민의 근원이라는 이야기를 하고 싶어서다. 세상 사람들은 한 번 지지했으면 어떤 식으로든 끝까지 책임을 져야 한다는 이른바 '유시민 스타일'이 더 옳다고 생각하는 것 같다. 물론 유시민은 그런 지지 행태로 인해 적잖은 비판을 받기도 했지만, 그를 열성적으로 좋아하는 사람이 지금도 많다는 건 바로 그런 스타일의 '경쟁력'을 말해주는 건 아닐까?

나 역시 일순간이나마 '유시민 스타일'이 더 옳은 게 아닌가 하는 생각을 하기도 했다. 내가 안철수 캠프에 참여해 뛰었더라면 안철수가 잘못된 길로 가는 걸 저지하는 데에 기여할 수 있지 않을까 하는 생각을 한 적이 있었기 때문이다. 그런 생각을 하다가도 그게 가능할 것인지에 대한 현실적 의구심과 더불어 이런 생각이 들었다. "아냐. 아냐. '유시민 스타일'은 보스가 어떤 길로 가든 선의만 있다면 그 길을 무조건 옹호하는 것일 텐데, 나 역시 캠프에 들어가면 그렇게 될 가능성이 높지. 유시민에게도 말 못할 고충이 있었을 것이고, 비판도 과하다 싶을 정도로 많이 받았잖은가. 나 역시 다른 스타일일망정 비판받는 건 당연한 일이고, 그 비판을 달게 받는 게 옳으리라."

내 변명은 이 정도로 하고 앞서 했던 이야기로 돌아가보자. 왜 그랬을까? 왜 안철수는 잘못된 길을 걸었던 것일까? 내가 보기엔 교육평론가 이범의 진단이 가장 정확하다. 그는 "당대표가 물러나고 친노가 복귀하고 세대가 교체되면 무엇이 달라질까? 은퇴를 선언한 손학규 전 대표가 486 정치인들보다 사상적으로 더 젊고 신선해 보이는 지금, 사람을 바꿈으로써 개혁하자는 얘기는 환상이다"며 다음과 같이 말한다.

"물론 정치에서는 사람이 중요하다. 하지만 그 '사람'이라는 게 비전과 전문성과 정책의 여집합이라면, 사람 중심의 정치는 개혁의 적이자 정치 냉소주의의 근원이다. 안철수 새정치민주연합 전 대표의 패착도 여기에 있다. 그는 무려 '책'으로 정치에 데뷔하는 파격적 행보를 통해 콘텐츠 중심의 정치운동을 이끌 잠재력을 보여주었다. 하지만 이후 그의 새 정치는 의제와 정책 중심으로 가지 않고 창당과 합당, 계파와 공천이라는 기존의 사람 장사를 답습했다."[31]

그렇다. 안철수는 '사람' 중심의 사고방식을 버렸어야 했다. 그 누구든 그런 사고방식으론 안 된다. 물론 강경파 의원들이 주도하는 운동권 정치의 폐해를 생각하면 '물갈이'가 속 시원한 답으로 여겨지겠지만, '물갈이'를 하더라도 의제와 정책을 기준으로 물갈이를 해야 한다. 그래야 영속적인 시스템 구축이 가능해진다.

31. 이범, 「'사람' 중심의 정치를 집어치워라」, 『한겨레』, 2014년 8월 7일.

맺는말.
'풀뿌리 건설'만이
살길이다

노선투쟁을 빙자한
계파투쟁

일부 민주당 486 의원들이 '세대교체론'을 주장하는 것도 낯 뜨거운 일이다. 486 출신의 서울시 정무부시장 임종석이 "이미 486도 기득권인데, 누가 누굴 교체하자고 하느냐. 발상의 출발 자체가 틀렸다"고 지적한 것처럼,[32] 문제에 대한 접근 순서가 틀렸다.

새 정치를 위한 구조와 룰의 변경에 반대하는 사람들은 전원 물갈이 해야겠지만, 구조와 룰의 변경이 대세라면 여기에 반대할 사람은 없다. 어떤 구조와 룰에서든 정치를 하는 게 중요하기 때문이다. 따라서 정치의 구조나 틀을 어떻게 바꾸겠다는 목표를 제시한 후에 그 목표에 반대하는 사람만 쫓아내면 되는 거지, 아무런 목표도 제시하지 않은 채 "너희들은 기득권 세력이고 썩었으니 나가야 된다"는 식은 말도 안 될 뿐더러 결코 성공할 수 없다.

유권자들은 정치혐오가 워낙 강하기 때문에 정치권의 '물갈이' 자체를 환영하는 경향이 있다. 그래서 이를 잘 아는 정치권의 선수들은 '물갈이'를 정략적 목적으로 활용하기도 한다. 사정이 이렇다 보니, 찬성하건 반대하건 '물갈이'에 관한 의견은 그런 정략의 프레

---

32. 김경화, 「야당 재건 어떻게」 "선명성 강화해야 한다는 진단, 작위적이고 엉터리": [연쇄 인터뷰] (8) 임종석 서울 정무부시장」, 『조선일보』, 2014년 8월 9일.

임에서 읽히는 것이 현실이다. 앞서 소개한 임종석의 주장도 예외는
아니다.

임종석은 그 주장을 『조선일보』 인터뷰에서 했으며, 같은 486 의
원인 이인영도 『조선일보』와 인터뷰를 했다.[33] 이들이 『조선일보』 인
터뷰에서 '중도 지향성'을 역설한 것을 계파와 노선의 정치공학으
로 보는 시각도 있다. 박영선을 밀어주고 서울시장 박원순과의 연대
를 모색하는 구도의 일환이라는 것이다.[34] 물론 이들에 대해 맹비난
을 퍼붓는 이도 많다.

예컨대, 시사평론가 김용민은 8월 9일 자신의 페이스북에 "중도
운운하는 486, 혹시 그것이 민심 수렴이 아니라 기회주의라는 생각
은 안 해봤는지. 그런 '전향' 선언을 굳이 『조선일보』에다가 하는 꼬
락서니는 또 뭐고. 한때 '젊은 피'라 불렸던 '구정물'들, 수수 기장
조 할 때 조 까라"는 글을 올렸다. 그는 10일에도 "화석화된 과거 말
고는 콘텐츠도, 진정성도, 열정도 없는 가짜 486들, 좃선에 얼굴 더
밀고 자성? 중도? 다 집어치우고 집에나 가라"고 글을 올렸다. 그는
이어 "낡아 문드러진 486들아, 새누리당이 중도라서 지지를 받는다
는 거냐. 상위 1%만을 위한 정치, 숱한 거짓말과 기만, 민주주의 압
살에 언론 장악, 자본과의 유친, 이제는 세월호 유족을 모독하고 짓

33. 김아진, 「야당 재건 어떻게」 "국민들 실망 않게 486이 먼저 반성하고 자숙해야": [연쇄 인터뷰] (7)
    이인영 의원」, 『조선일보』, 2014년 8월 9일.
34. 최민우·백일현, 「전면에 나선 486, 박영선 밀어주고 박원순과 연대 모색: 7·30 참패 새정치연합,
    계파 합종연횡 급물살」, 『중앙선데이』, 제387호(2014년 8월 10일).

맺는말.
'풀뿌리 건설'만이
살길이다

밟는 저 자들이 야당의 미래란 말이냐. 이 미친놈들아, 썩 꺼져라!"
고 썼다.[35]

이 논란을 어떻게 보아야 할까? 노선투쟁, 중요하다. 엄청 중요
하다. 단, 원론적으로만 그럴 뿐이다. 그간 민주당에서 벌어진 노선
투쟁은 진정한 의미의 노선투쟁이 아니었다. 그건 '맥거핀MacGuffin'
이었다.[36] 계파투쟁을 하기 위해 사람들의 관심을 돌리려는 속임수
라는 뜻이다. 하지만 강력한 속임수다. 계파투쟁은 추하다고 욕먹기
십상이지만, 노선투쟁은 정당한 것일 뿐만 아니라 특정 노선을 원하
는 사람들에게서 찬사를 받을 수도 있는 것이다.

김용민의 주장이 계파투쟁을 위한 '맥거핀'에 불과하다는 뜻은
아니다. 일반적으로 정치인이나 열성 지지자들은 자기들의 계파 보
스가 오른쪽으로 가건 왼쪽으로 가건 "무슨 깊은 뜻이 있겠지" 하는
생각으로 따라가는 게 그간의 '법칙'이었다는 점을 말하려는 것이
다. 하지만 김용민의 진정성을 믿더라도, 그는 '맥거핀' 이용보다 큰

35. 박진철, 「이인영·임종석 486 출신 '중도'로 전향, 왜?: 차기 당권 위해 '진보' 버리고 '박영선박원
순 카르텔' 형성」, 『브레이크뉴스』, 2014년 8월 11일.
36. '맥거핀'은 앨프리드 히치콕(Alfred Hitchcock, 1899~1980) 감독이 1940년 영화 〈해외 특파원
(Foreign Correspondent)〉에서 사용한 별 의미 없는 암호명이다. 히치콕의 친구로 스크린 작가인
앵거스 맥페일(Angus MacPhail, 1903~1962)이 만들어낸 단어라는 설이 유력하다. 맥거핀은 줄거
리와는 전혀 관련이 없으면서도 관객들로 하여금 혼란·공포·전율 등을 느낄 수 있도록 관객의 미
끼로 이용되는 장치(도구)를 일컫는다. 작품 줄거리에는 영향을 주지 않지만, 관객의 시선을 의도적으
로 묶어둠으로써 공포감이나 의문을 자아내게 만드는 영화 구성상의 속임수를 가리켜 '맥거핀 효과
(MacGuffin effect=McGuffin effect=maguffin effect)'라고 한다. 「맥거핀 효과(MacGuffin
effect)」, 『네이버 백과사전』; 「MacGuffin」, 『Wikipedia』; 「Angus MacPhail」, 『Wikipedia』; Nigel
Rees, 『Cassell's Dictionary of Word and Phrase Origins』(London: Cassell, 2002), p.160;
최보윤, 「얼굴은 없다 이름만 있다 인기는 많다」, 『조선일보』, 2007년 4월 6일, A23면.

잘못을 저질렀다. 다른 노선을 지향하려는 사람들에게 '기회주의', '구정물', '낡아 문드러진', '미친놈들', '조 까라' 운운하는 욕설을 내뱉은 잘못이다. 제발 호소한다. 노선투쟁의 선결 조건은 '싸가지 없는 진보'가 진보의 무덤이라는 성찰에 근거해 싸가지를 갖추는 것임을 잊지 말자.

"깰 수 없으면 타협하라"

안철수에 대해 비판적인 정의당 당원 이광수는 "포기하고 양보하는 미덕 하나로 대선주자급으로 급부상하는 정치판에서나 있을 수 있는 코미디"가 일어났다고 했는데,[37] 바로 이거다. 물론 이 말은 어이없다는 뜻으로 한 말이지만, 원래 정치가 '어이없는 게임'인 걸 어이하랴. 사회발전에 기여해야 할 책무를 진 정치가 오히려 사회발전에 역행함으로써 혐오와 저주의 대상이 된 게 진짜 코미디 아닌가. 그런 현실이 안철수를 불러낸 것이니 먼저 탓해야 할 것은 과연 어떤 코미디일까?

안철수는 "얻고자 하면 잃고 잃고자 하면 얻는다"는 정신과 실

---

37. 이광수·남종석·이창우·최희철, 『위기의 진보정당 무엇을 할 것인가: 부산지역 진보정당 평당원 4인의 작은 목소리』(앨피, 2014), 192쪽.

천 하나로 대선주자급으로 급부상하는 코미디의 주인공이 되었지만, 현실정치판에 본격 진입한 후엔 정반대의 정신과 실천으로 인해 망가지는 비극의 주인공이 되고 말았다.

그러나 진정 잃고자 한다면, 즉 자신이 무엇이 되든 개의치 않고 오직 새 정치 실현을 위한 풀뿌리 건설에 기여하겠다는 자세로 다시 임한다면, 그는 대중의 사랑을 받는 건 물론이고 한국 정치발전에 큰 족적을 남길 수 있다는 것이 내 생각이다. 오히려 지금의 좌절이 전화위복轉禍爲福의 기회일 수 있다. 다시 토크 콘서트에 나서더라도 실패한 경험에서 배운 풍부한 이야깃거리가 있어 대중을 설득하는 데에 훨씬 큰 힘을 발휘할 수 있다. 이 점에서는 손학규에게도 할 일이 있는 게 아닐까?

나는 정치인들이 선거 때만 되면 유권자들에게 아첨하다가도 선거만 끝나면 귀족처럼 군림하는 '쌩쇼의 정치'를 넘어서는 정치인들을 보고 싶다. 내가 보기엔 유권자의 수준이 정치인의 수준보다 결코 높지 않다. 정치인도 달라져야 하지만, 유권자도 달라져야 한다. 유권자가 요구할 것도 많지만, 정치인이 요구할 것도 많다. 나는 유권자에게 감히 요구하는 정치인을 보고 싶다. '풀뿌리 건설'은 바로 그런 요구가 없인 실현되기 힘들기 때문이다.

정치인이 유권자에게 요구를 하기 위해선 어찌해야 하겠는가? 프란치스코 교황은 1990년대 아르헨티나 추기경일 때 강론에서 "사제에게서는 양의 냄새가 나야 한다"고 말한 적이 있다. 사제는 목자이므로 늘 양의 곁에 있어야 하며, 그래서 자연스럽게 양의 냄새가 자신의 몸에 배게 해야 한다는 말이다.[38] 헌신성에서 정치인이 사제와 같을 수는 없겠지만, 거의 모든 정치인이 '국민을 위해 헌신하겠다'는 약속을 하고서 지금의 자리에 올랐다는 것도 분명한 사실 아닌가. 나는 온 사람이 온 말을 한다 해도, 그런 헌신성에선 안철수와 손학규를 따라갈 수 있는 정치인은 드물 것이라고 믿는다.

나는 그간 개인적으로 안철수에 대한 질문을 많이 받았다. 대부분 "아직도 안철수에 대한 생각에 변함이 없느냐"는 질문이었는데, 그 질문의 뉘앙스가 묘했다. 나의 안철수 지지를 나무라는 추궁의 성격이 가미되어 있었다. 안철수를 지지했던 사람들은 그런 질문을 던지지 않는다. 이심전심以心傳心이 작동하기 때문이다. 그런 질문을 던진 사람들은 한결같이 지난 대선 때 문재인과 안철수의 경쟁에서 문재인을 지지했던 이들이다. 그런 질문을 받을 때마다 나는 이렇게 반문했다. "아직도 문재인에 대한 생각에 변함이 없느냐?"

아슬아슬하게 졌든 억울하게 졌든, 문재인은 지난 대선의 패배자다. 문재인으론 어렵다고 보고 안철수를 선택했던 사람들에게 질문을 받고 답을 해야 할 사람들은 문재인 지지자들이다. 나는 그들에게 그 어떤 추궁도 하지 않는데, 왜 그들은 내게 추궁성 질문을 던지는가? 나는 이에 대해 할 이야기가 무지무지하게 많다. 그러나 하지 않았으며, 앞으로도 하지 않으련다.

---

38. 백성호, 「교황 "정치인들, 겉만 반질반질 속은 썩고 있는 시체"」, 『중앙일보』, 2014년 8월 13일.

맺는말.
'풀뿌리 건설'만이
살길이다

왜? 원인 규명을 제대로 해야 제대로 된 대안이 모색될 수 있다는 주장도 타당하지만, 정치에서는 예외가 존재하는 것 같다. 정치적 원인 규명은 과학적 원인 규명과는 달리 객관적 입증이 어려워 누군가의 과오를 지적하고 책임을 물을 경우 계파 간 이전투구泥田鬪狗로 이어지기 마련이다. 원인 규명하다가 공동 파멸에 처할 수밖에 없는 게 현실이라면 다른 길을 찾아야 한다. 나는 계파 간 타협과 화합이 진보의 집권을 가능케 하는 기본 조건이라고 본다.

"깰 수 없으면 타협하라"는 건 진리다. 예컨대, 친노는 비노·반노를 깰 수 없고, 비노·반노는 친노를 깰 수 없다. 깰 수 없는 게 분명한데도, 서로 적대해서 뭘 어쩌자는 건가? 이젠 서로 달라져야 한다. 세상을 바꾸려면 자기부터 바꿔야 한다. 영국의 작가이자 진보적 지식인이었던 조지 버나드 쇼George Bernard Shaw, 1856~1950가 말했듯이, "변화가 없다면 진보는 불가능하다. 자신의 생각을 바꿀 수 없는 사람은 아무것도 바꿀 수 없다".[39] 나는 안 바꾸면서 세상을 바꾸겠다는 건 도둑놈 심보다.

새 정치의 실천에서 가장 먼저 버려야 할 것은 새누리당과 대립하거나 새누리당을 적대시하는 프레임이다. 오히려 새누리당이 '풀뿌리 건설'에 적극 동참할 수 있도록 하면서 선의의 경쟁을 벌여야 한다.[40] 즉, 한국 정치 전체를 바꾸는 일을 해야 한다는 것이다. 누가

---

39. 김윤태, 「50대 보수화가 대선을 결정했는가?: 세대 동원의 전략적 오류」, 이창곤·한귀영 엮음, 『18 그리고 19: 18대 대선으로 본 진보개혁의 성찰과 길』(도서출판 밈, 2013), 88쪽.

더 유능하게 그 일을 잘했는가 하는 실적이 집권을 가져오는 것이지, 그런 일은 전혀 하지 않으면서 '집권' 만 외쳐봐야 아무런 소용이 없다.

이게 내가 생각하는 '진보의 최후 집권전략' 이다. '최후' 라 함은 이것 이외의 다른 대안이 없다는 뜻에서다. 이 점에서만큼은 나의 독선과 오만, 즉 '싸가지 없음' 에 대해 독자들의 용서를 구하련다. 유권자들이 원하는 프레임은 우리 모두를 위한 경쟁을 벌이는 것이다. "저놈들 심판하자" 고 아무리 외쳐봐야, 유권자들은 "그러는 너는?" 이라고 냉소를 보낼 뿐이다. '싸가지 없는 진보' 는 진보에 해가 되며, '성찰이 이긴다' 는 것을 한 번 믿어보자. 진다고 한들, 좋은 경쟁을 통해 국리민복國利民福에 기여할 수 있다면 그 또한 좋지 아니한가?

적대와 증오가 정치의 본질임을 간과한, 너무 순진한 주장인가? 그럴 수도 있겠다. 하지만 나는 '싸가지 없는 진보' 라고 하는, 민주당의 아킬레스건을 그대로 둔 채 그 어떤 적대와 증오 마케팅도 성공할 수 없다는 것을 말하는 것이므로, 그런 반론은 번지수를 잘못 짚은 것일 수도 있다. '싸가지 없는 진보' 를 넘어설 때에 비로소 정당

---

40. 아니 말은 바로 하자. '풀뿌리 건설' 은 이미 새누리당이 앞서 있는데다, '뻥' 일망정 입으로도 더 적극적이다. 새누리당 대표 김무성은 7·30 재보궐 선거 하루 전인 29일 경기 수원시 팔달구 김용남 선거사무소에서 열린 현장 최고위원회의에서 2016년 4월 치러지는 20대 총선에서 선거구별 당원과 지역 주민들의 여론을 최대한 반영하는 완전 상향식 공천을 실시키로 했다고 발표했다. 김두수, 「새누리, 다음 총선서 '완전상향식 공천'」, 「경상일보」, 2014년 7월 29일.

맺는말.
'풀뿌리 건설' 만이
살길이다

한 적대와 증오도 제값을 누릴 수 있게 될 것이다.

"적을 업신여기면 반드시 패한다輕敵必敗之理." 이순신 장군의 말씀이다. 이 말 이상 민주당과 진보에 좋은 말이 없다. '싸가지 없는 진보'는 상대편을 업신여기는 마음에서 비롯된 것이기 때문이다. 새누리당과 보수를 숭배하거나 존경할 필요는 없지만, 그들을 존중해야한다. 그런 마음과 자세의 터전 위에 서야만 민심을 제대로 읽는 눈이 트여 집권이 가능해질 뿐만 아니라 집권 후에도 성공할 수 있다.

싸가지 없는 진보

ⓒ 강준만, 2014

초판 1쇄 2014년 8월 29일 펴냄
초판 6쇄 2020년 11월 30일 펴냄

지은이 | 강준만
펴낸이 | 강준우
기획·편집 | 박상문, 박효주, 김환표
디자인 | 최진영, 홍성권
마케팅 | 이태준
관리 | 최수향
인쇄·제본 | ㈜심신문화

펴낸곳 | 인물과사상사
출판등록 | 제17-204호 1998년 3월 11일

주소 | (04037) 서울시 마포구 양화로7길 6-16 서교제일빌딩 3층
전화 | 02-325-6364
팩스 | 02-474-1413

www.inmul.co.kr | insa@inmul.co.kr

ISBN 978-89-5906-266-9 03300

값 13,000원

이 도서의 국립중앙도서관 출판예정도서목록(CIP)은 서지정보유통지원시스템 홈페이지
(http://seoji.nl.go.kr)와 국가자료공동목록시스템(http://www.nl.go.kr/kolisnet)에서
이용하실 수 있습니다. (CIP제어번호: CIP2014024544)